Carlos G. Valles

Fang den Regenbogen

Carlos G. Valles

Fang den Regenbogen

Sich selbst finden

Herder Freiburg · Basel · Wien

Titel der Originalausgabe:
I am Collecting Rainbows.
The Multiple ‚I'.

Aus dem Englischen übersetzt von
DR. BETTINA HALBE

Umschlagfoto: Archiv Christoph/Mayer, Essen

Herstellung: Freiburger Graphische Betriebe 1987
ISBN 3-451-21099-1

Inhalt

1 *Ich bin viele Leute*

Ich will mit einer Geschichte beginnen, einer Derwischgeschichte: Ein einfacher Mann vom Land, der sich schwer zurechtzufinden wußte, reiste zum erstenmal in seinem Leben in die Hauptstadt seiner Provinz. Unter den vielen Menschen, die sich in den Straßen drängten, kam er sich bald ganz verloren vor und suchte im großen Gemeinschaftssaal eines einfachen Gasthauses ein Ruhelager. Um ihn herum Dutzende wie er. Da bekam er Angst, daß er am Morgen beim Aufwachen unter so vielen anderen sich selbst nicht mehr finden könnte, und band sich als Erkennungszeichen einen Luftballon an seinen rechten Fuß. So schlief er beruhigt ein. Ein Spaßvogel in der Halle bemerkte das. Vorsichtig band er den Ballon los und befestigte ihn an seinem eigenen Bein. Als unser Mann vom Land am nächsten Morgen die Augen aufschlug, erblickte er sein eigenes Erkennungszeichen am Fußgelenk eines anderen. Nachdenklich kratzte er sich am Kopf und sagte verstört und laut vor sich hin: „Wenn ich nicht ich bin, wer um Himmels willen bin ich dann?"

Derwischgeschichten haben eine scharfe Spitze. Und bald spürte ich, wie die Spitze dieser Geschichte mich traf und in die vielen Ballons stach, die ich im Lauf meines Lebens an mein Fußgelenk gebunden hatte. Sie stellte die vielen Identitäten, die ich mit der Zeit angenommen habe, in Frage und weckte meine Aufmerksamkeit für das Vielerlei, das ich bin, die verschiedenen Gesichter, die ich habe, und das vielfältige Erbe, das ich in mir trage. Mehrmals in meinem Leben habe ich anscheinend aufgehört, etwas oder jemand zu sein und mich bemüht, ein anderer zu werden. Und wie oft mußte ich in späteren Jahren feststellen, daß der Versuch erfolglos war, daß ich niemals ganz aufhörte, das zu sein, was ich einmal gewesen war. Und all die vielen „Avatare" zusammen – erstrebte, verworfene, vergessene, wiederentdeckte, unbewußte, lebendige, zerstrittene, versöhnte – sind es, die mich ausmachen, so wie ich heute bin.

Mit fünfzehn war ich ein glücklicher Schüler, lesehungrig, lernbegierig und immer darauf aus, der erste in der Klasse zu sein. Mitglied einer Gruppe von vier verschworenen Freunden, Anführer der dritten Fußballmannschaft der Schule. Ich liebte gutes Essen und schicke Kleidung, war ein Mozart-Fan und ganz versessen auf Schach. Von einem Tag auf den anderen war ich dann Novize: schwarze Soutane, kurzer Haarschnitt, gesenkter Blick, geflüsterte Worte, schweigende Spaziergänge unter den steinernen Gewölben der Kreuzgänge im Geburtshaus des Ignatius von Loyola. Auch als Novize war ich glücklich – nur ahnte ich damals noch nicht, wieviel von dem Schüler unter der schwarzen Soutane des Novizen zurückgeblieben war. Es ist für immer dort geblieben.

Vierundzwanzig Jahre lang verließ ich mein Heimatland Spanien nicht. Patriotismus war nie meine starke Seite, doch alles, was Sprache, Kultur, Religion und Atmosphäre, die Vorlieben und Werte des Spanien zwischen dem II. Weltkrieg und dem II. Vatikanischen Konzil umfaßt, all das wurde Teil meiner persönlichen Weltsicht und bestimmte meine Art, die

Dinge zu betrachten und Menschen einzuschätzen. Damals vertrat ich eine selbstbewußte, aber sehr vereinfachte und vermeintlich allwissende Betrachtungsweise des Universums und der Menschen darin. Klar, dogmatisch und selbstgerecht. Sie war die einzige Wahrheit für mich, und ich war ganz in ihr zu Hause. Und dann war ich auf einmal in Indien, sollte mein Leben mitten in einer anderen Kultur verbringen, die älter und reicher, unendlich vielfältig und grundverschieden von allem war, was ich vorher kennengelernt hatte. Ich lernte die Sprache, las neue Bücher, besuchte heilige Orte und schloß Freundschaften mit Hindus. Sehr langsam und widerstrebend begann ich, die Dinge anders zu sehen, die Menschen in einem neuen Licht zu betrachten und das ganze Leben anders zu empfinden. Heute bin ich in Indien geistig zu Hause. Indische Traditionen und Einstellungen, Philosophien und Ausdrucksformen sind mir weitgehend und innerlich zu eigen geworden. Unter ihnen aber existiert auch in meinem Innersten noch immer mein früheres spanisches Ich und behauptet sich unüberhörbar. Ich weiß jetzt, daß ich Osten und Westen in mir habe, und ich begrüße beide.

An einem feierlichen Tag, mit dem Segen eines Bischofs, die Spuren heiligen Öls auf meinen Handflächen und den Klang geheiligter Worte in meinen Ohren, wurde ich Priester. Das war die größte und als einzelne bedeutendste Veränderung in meinem Leben. Von diesem Tag an nannten die Leute mich „Pater", begegneten mir mit Ehrfurcht als einem Diener Gottes unter den Menschen und erwarteten, daß ich mich dementsprechend verhielt. Ich erfuhr diese neue Wirklichkeit in mir mit einem fast greifbaren

Glauben, und großherzig und vertrauensvoll baute ich auf diesen Glauben: er bestimmte meine Art, mit Menschen umzugehen und zu handeln, meinen Weg, mein eigenes Leben zu deuten und in der Praxis zu leben. Ich fühlte mich sichtbar und zutiefst von der Gnade des Sakraments durchdrungen, und es kostete mich Überwindung, mir gelegentlich einzugestehen, daß auch unter dem heiligen Öl noch viel, wenn nicht alles, von meinem alten Ich vorhanden war. Der Schüler existierte immer noch.

Dann war ich Collegeprofessor und Studentenseelsorger, gesuchter Vortragsredner, Schriftsteller und Journalist. Auf meiner Visitenkarte standen mehrere Titel: ich wurde unter verschiedenen Bezeichnungen vorgestellt, ich war ganz Verschiedenes für verschiedene Leute. Über jede neue Inkarnation, die mir gelang, war ich glücklich, und viele Jahre lang wurde mir kein Konflikt bewußt zwischen den verschiedenen Rollen, die ich angenommen hatte – oder ich erlaubte es mir nicht, ihn zu empfinden. Ich brauchte einen Anstoß von außen, eine spontane Rückmeldung von einem Freund, um ein wenig in meiner Selbstgefälligkeit erschüttert zu werden und mit einigem Ernst darüber nachzudenken, wer ich wirklich war. Ich hatte mich als selbstverständlich hingenommen – eine Einstellung, die sehr bequem ist, aber zu nichts führt. Ich erinnere mich noch heute genau an die erste Konfrontation, den ersten kleinen Zwischenfall, der mir die Augen öffnete und mich dazu brachte, mit der Analyse meines Ich zu beginnen.

Ich sollte ein Jahr in einem Studentenheim in Gujarat leben, um die indische Sprache zu erlernen – ein Fremder in jeder Hinsicht unter tausend Studenten.

Einer von ihnen riskierte die Kritik der anderen, indem er aus eigenem Antrieb auf mich zuging, und im Laufe des Jahres wurde er mir ein wirklicher Freund, mein erster Hindufreund. Nach Kaste und Nachnamen war er ein Amin, und schnell bekam er den Spottnamen „Bleichgesicht Amin", weil er sich mit mir zusammengetan hatte. Er lehrte mich indische Tischmanieren, die verschiedenen Arten von Anreden in Briefen, gesellschaftliche Umgangsformen und erklärte mir sogar voller Scheu die Bedeutung der ausgefallensten Schimpfworte – in keinem Lexikon konnte ich sie finden –, die ich auf dem Campus hörte und nach denen ich ihn unbefangen fragte. Wir wurden schließlich so vertraut, daß ich offen zu ihm über meine Arbeit, meine Ideen und mein Leben sprach, und auch dachte, ich hätte ihm verständlich gemacht, wer ich war und was ich wollte. Deshalb brachten mich seine Worte bei unserem letzten vertrauten Gespräch auch derart aus der Fassung, daß sie mir bis heute Tag deutlich im Gedächtnis geblieben sind. Er sagte zu mir: „Ich habe dich nie verstanden. Wir sind jetzt ein Jahr zusammen gewesen und trotzdem weiß ich bis heute nicht, wer du eigentlich bist. Bist du ein Missionar, ein Gelehrter? Bist du ein Philanthrop, ein Sozialreformer? Oder nur ein guter Freund? Ich weiß es nicht. Du bist mir ein Rätsel. Niemand kann dich verstehen."

„Ein Rätsel." Das waren harte Worte. Ich dachte daran, daß er mich verteidigt hatte, wenn andere bei meiner Anwesenheit auf dem Campus die Bekehrungsversuche eines Jesuiten befürchteten und mich deshalb angriffen. Er hatte mich zu sich nach Hause mitgenommen und mit großer Herzlichkeit seiner Familie vorgestellt; er kannte und schätzte mich. Und jetzt nannte er mich ein Rätsel. Das nahm ich ihm übel. War ich nicht aufrichtig, offen und leicht zu durchschauen? War ich nicht schlicht, vertrauensvoll und ohne Hintergedanken gewesen? Ich hatte keine Geheimnisse, kannte keine Arglist, war nie doppelzüngig. Und doch hatte er gesagt, ich sei für ihn ein Rätsel. Ich sollte noch lange Zeit brauchen, bis ich selbst erkannte, daß ich auch für mich ein Rätsel war. Dann erinnerte ich mich an ihn. Er hatte nur allzu recht gehabt.

Jeder Mensch ist für sich selbst ein Rätsel. Je reicher sein Leben, desto tiefer das Rätsel. Äußere Umstände, ein anderes Land, eine andere Arbeit oder andere Beziehungen können uns die Widersprüche bewußt machen, aus denen wir bestehen, und geben uns die Chance, im Verständnis unserer selbst zu wachsen. Wir müssen dann all das zusammenbringen, erkennen und annehmen, was wir sind – mag es vielleicht auch unvereinbar und paradox sein, ärgerlich oder beglückend.

„Krieg in meinem Blut" ist der vielsagende Titel des wohl besten Romans von Salvador de Madariaga. Sein Held, Rodrigo Manrique, ist der Sohn eines spanischen Granden und einer Eingeborenen aus einer Priesterfamilie im Mexico des Hernán Cortés. Rodrigo wird katholisch getauft und als spanischer Adliger erzogen, aber sein mexikanisches Blut rebelliert in ihm; heimlich kehrt er zur aztekischen Religion und dem priesterlichen Amt zurück, und dabei bringt er sogar Menschenopfer mit eigener Hand dar. Unter seinen spanischen Vorfahren gab es auch Araber und Juden, und als sein Vater ihm das mitteilt, ruft er zornig und irritiert aus: „Was bin ich denn eigentlich? Vielleicht gar ein Araber?

Vielleicht ein Jude? So viele Menschen in meinem Leib? So viele Rassen in meinem Blut? Azteken, Spanier, Goten, Juden und Araber. Und trotzdem erwarten Euer Gnaden, daß ich bei Sinnen bin und mich gesittet verhalte? Wer soll denn über die vielen Menschen herrschen, die Euer Gnaden in mich gepackt haben? Ich weiß es nicht. Ich bin eine Menschenmenge."

Saleem Sinai, der autobiographische Held in Salman Rushdies Roman „Midnight's Children", spricht in anderer Stimmung und anderer Sprache dasselbe Dilemma aus: „Wer, was bin ich? Meine Antwort: Ich bin die vollständige Summe von allem, was vor mir war, von allem, was ich getan habe und was mir angetan wurde. Ich bin jeder und jedes, dessen Dasein ich berührt habe, dem ich etwas gegeben oder von dem ich etwas empfangen habe. Ich bin alles, was geschieht, wenn ich gegangen sein werde, und alles, was nicht geschehen wäre, wenn ich nicht gekommen wäre. Und ich bin keineswegs besonders ungewöhnlich in dieser Hinsicht; jedes Ich, jeder einzelne der inzwischen sechshundert Millionen von uns enthält eine ähnliche Vielfalt. Ich wiederhole es zum letzten Mal: Wenn Du mich verstehen willst, mußt du eine Welt schlucken."

Noch eine Anekdote. Der berühmte Filmschauspieler Orson Welles gab auf einer Tournee durch Amerika Solovorstellungen, bei denen er einen ganzen Abend lang Shakespeare rezitierte. Zu einem dieser Abende waren nur fünf Leute gekommen. Der Schauspieler betrat die Bühne, sah sie lange an und sagte: „Gestatten Sie mir, mich vorzustellen. Ich bin Schauspieler, Schriftsteller, Film- und Bühnenregisseur, Architekt, Maler und ein ausgezeichneter Koch, ein Stierkampfexperte und Zauberer, Connaisseur, Enfant terrible und eine Autorität auf dem Gebiet der Kunst. Wie kommt es, daß so viele von uns da sind und nur so wenige von Ihnen?" Dann verbeugte er sich und ging. Er hatte Persönlichkeiten im Überfluß!

Ortega y Gasset faßte seine Philosophie in einem prägnanten Satz zusammen: „Ich bin ich und meine Situation." Und die „Situation" ändert sich, ist eine Herausforderung, bereichert und stört, widersetzt sich und vereinigt. Meine Situation umfaßt meine Vergangenheit, Gegenwart und Zukunft, Menschen, die mir nahe sind und Menschen, die ich vergessen habe, die Launen eines Lebens und das Erbe von Jahrhunderten. Ich bin viele Dinge. Ich bin viele Menschen. Und ich möchte alles herausfinden, was ich in mir bin. Ich möchte meine „Situation" kennen.

„Wer bin ich?" lautet der Titel des einzigen Prosawerkes, eines kurzen, pointierten Dialogs, den der Weise von Arunachal im südindischen Tiruvannamalai je geschrieben hat. Für mich ist dieser Autor einer der überzeugendsten und liebenswertesten Heiligen unserer Zeit. Auf diese einfache Frage führte er das ganze spirituelle Bemühen des Menschen um Erleuchtung, Selbsterkenntnis und Befreiung zurück. Gewiß war es für ihn eine metaphysische Suche, aber sie wurde ausgelöst durch seine Erfahrungen als junger Brahmane, der sich weder mit seiner Familie noch mit seinen Lehrern identifizieren konnte, der eine seltsame „Todeserfahrung" durchmachte, nach der er sich nicht mehr mit seinem eigenen Leib identifizierte, und der aus all dem hervorging als eine tiefe, sanfte Persönlichkeit, liebevoll in seiner Zurückgezogenheit, gütig in seiner Abgeschiedenheit. Gerade weil er sich klar und untrüglich erkannt hatte, war er in der Lage, sich durch sein Schweigen und sein Lächeln hindurch bereitwillig mit einem Ratsuchenden nach dem anderen zu identifizieren. Täglich kam eine Prozession von Verehrern, die in einer kurzen Begegnung Licht, Trost und Kraft zum Leben suchten und denen allen er diese Lösung für ihre tausend Schwierigkeiten gab: „Finde dein wahres Selbst, und du wirst den Weg finden!“

Diese Antwort war wirksam durch den unmittelbaren Kontakt: sofort verband sich seine klare Persönlichkeit mit dem Bewußtsein jedes einzelnen und vermittelte jeder bedrängten Seele etwas von seinem dauernden Frieden. Nur von einem Menschen wird in den langen Aufzeichnungen der Hunderte von Gesprächen, die das Ashram veröffentlichte, berichtet, daß er unbefriedigt wieder von ihm gegangen sei – einem Jesuiten. Es war ein berühmter französischer Jesuit, Philosophieprofessor im nahen Shembaganur, der es einmal unternahm, den Weisen zu besuchen. Auf die Frage des Guru, ob er den zwölfseitigen Dialog „Wer bin ich?“ gelesen habe, gab er zu, verneinen zu müssen, und als der Guru ihm sanft erklärte, wie er die Suche zu beginnen habe, entschuldigte er sich plötzlich, er müsse schnell einen früheren Zug nehmen. In der Chronik des Ashrams findet sich keine Kritik an dem Jesuitenprofessor, aber mir blieb nach dem Lesen dieser Seite ein ungutes Gefühl. Ich wünschte, mein Bruder im Glauben hätte sich dem indischen Weisen gegenüber offener gezeigt.

Die Frage „Wer bin ich?“ gehört auch zu den Standardübungen am Anfang von Gruppenseminaren, Sensitivitätstrainings, Selbstvorstellungen oder Begegnungen zum Sich-Kennenlernen. Es ist ein interessanter Versuch, vor einigen Freunden zehn Sätze zu sagen, die alle mit „Ich bin ..." beginnen, oder sie nur für sich aufzuschreiben. Die Übung ist nicht immer leicht und bringt oft einen unausgesprochenen Widerstand zutage, verborgene Angst oder hemmende Bescheidenheit, die alle dazu beitragen, die Selbsterkenntnis zu verhindern. Die Schwierigkeit kommt aus einem Mangel an Selbstvertrauen, aus der Unfähigkeit, schlicht und umfassend zu sagen, wer ich bin, aus der Angst, mich zu verlieren, aus dem Gefühl der Scham, gleichsam nackt vor den anderen zu stehen. Meinen Namen und meinen Beruf kann ich leicht angeben – denn ich weiß, daß ich mit der Angabe von Name und Beruf allein nichts von mir selbst preisgegeben habe. Mehr zu geben ist schwer, aber gerade diese Schwierigkeit zeigt eigentlich am besten, wie notwendig es wäre. Die Tatsache, daß es mir schwerfällt mitzuteilen, wer ich bin, macht mir deutlich, daß ich zunächst damit anfangen muß, mir selbst darüber klar zu werden. Die Frage, oder vielmehr die fragende Grundeinstellung, die sich in der Frage „Wer bin ich?" ausdrückt, ist das Eintrittstor zu geistlicher Erkenntnis und zu psychologischer Integration. Die Suche ist schwierig, gerade weil sie so wichtig ist.

Jede Berufungskrise im Leben eines Priesters ist genau betrachtet letztlich eine Persönlichkeitskrise. Der Anlaß mag die Anziehungskraft einer Frau sein oder die Auseinandersetzung mit einem Vorgesetzten, aber der tiefere Grund ist der andauernde Zweifel, die wachsende Ungewißheit, die bohrende Frage: Wer bin ich? Bin ich wirklich ein Priester? Was ist ein Priester überhaupt? Was ist meine wahre Identität? Die Frage mag ungestellt bleiben, aber tief im Unterbewußtsein nagt sie an den Gewißheiten und schwächt die Überzeugungen. Wenn ich nicht klar und deutlich weiß, wer ich bin, verstehe ich die Gleichung meines Lebens nicht; wenn ich nicht alles, was ich bin, aufnehme, ins Gleichgewicht bringe und annehme, werde ich bald schwanken, wanken und schließlich stürzen. Ein Mensch wird letztlich immer so handeln, wie er sich selber sieht. An dem Tag, an dem ein Priester sich nicht mehr als Priester sieht, wird er auch innerlich kein Priester mehr sein. Der äußere Schritt wird früher oder später in irgendeiner Form folgen, doch die innere Entscheidung ist schon längst gefallen. Sein Selbstverständnis hat sich verändert, und bald wird sich auch seine Zugehörigkeit ändern. Wichtig ist allein die Erkenntnis seiner selbst. Wie sehe ich mich? Wie verstehe ich meine Person? Was ist meine wahre Identität? Wer bin ich? Die mystische Frage des Weisen ist gleichzeitig die allerpraktischste und eine ganz lebensnahe Frage für jeden denkenden Menschen. Das ganze Leben hängt davon ab.

Hier ein Beispiel dafür, wie sich die Richtung eines Lebens ändert, sobald das eigene Selbstverständnis wechselt: Vor Jahren kam ein begabter Student aus einem Dorf in die erste Klasse unseres Colleges in Ahmedabad. Er war wirklich intelligent und fleißig, und während seiner ganzen Schulzeit war er der Erste in seiner Klasse gewesen. Auf die höheren Ansprüche im College war er aber psychologisch nicht vorbereitet. Er fühlte sich zu sicher durch seine Erfolge in der Vergangenheit und paßte sich dem neuen Studienrhythmus nicht an. Die Folge war, daß er das Examen am Ende seines ersten Semesters im College nicht bestand. Von diesem Schlag erholte er sich nicht mehr.

Er kannte sich als den besten Schüler in seiner Klasse. Das war sein Selbstbild, das Verständnis seiner Person, ja seine Identität. Und plötzlich war seine Identität in Scherben gegangen. Er hatte versagt, war nicht mehr der Erste. Wer war er aber dann? An jenes Bild hatte er sich so gewöhnt, daß er ohne es nicht mehr „funktionieren" konnte. Sobald er nicht mehr war, als was er sich gekannt hatte, war er hoffnungslos verloren. Wenn er nicht mehr an der Spitze der Klasse stand, konnte er überhaupt nicht mehr in der Klasse bleiben. Er gab sein Studium auf, ging in sein Dorf zurück, lernte ein Gewerbe und machte später einen Laden auf. Ganz gewiß war er ein begabter Student gewesen und hätte auch positiv reagieren und das College mit Erfolg abschließen können. Aber für sich selbst war er kein guter Student mehr, und deshalb glaubte er seine Bücher verlassen zu müssen. Sein Leben mußte sich ändern, weil seine Einschätzung seiner selbst sich geändert hatte.

Die innere Vorstellung von dem, was ich bin, sei sie richtig oder falsch, ist das eigentliche Motiv und die Erklärung für wichtige Entscheidungen und Veränderungen im Leben.

Wenn es mein Verhalten bestimmt, wie ich mich selber kenne und sehe, dann kann ich mein Leben um so besser lenken und meine Entscheidungen um so bewußter treffen, je besser ich mich selber und alles, was in mir ist, kenne. Natürlich kenne ich mich bereits, und die Jahre der Erfahrung und der Selbstprüfung, mir willkommene und weniger willkommene Urteile von Freunden und Kritikern waren nicht umsonst. Und doch ist es auch wahr – in aller Demut und Aufrichtigkeit –, daß noch viel mehr in mir ist, als ich jetzt weiß, und daß ich manche Teile von mir unbeachtet gelassen und meinem Wissen Seiten der Wirklichkeit entzogen habe, die mich bereichern könnten, wenn ich sie wieder entdecken und in Besitz nehmen würde. Ich bin immer noch ein weitgehend unbekanntes Land für mich, und die Entdeckungsreise ist wie Chestertons Phantasiereise in ein neues, seltsames und schönes Land, das ihn in seinem Bann hielt und in dem er Tausende unbekannter Wunder entdeckte – erst viel später erkannte er voller Überraschung und Freude, daß das schöne Land, an dessen Küste er unerwartet gelandet war, sein eigenes vergessenes, unterschätztes und verlassenes Heimatland war. Die Widerentdekkung meiner selbst ist das größte und gewiß das beglükkendste Abenteuer meines Lebens.

Pandit Nehru war ein großer Inder. Sein schönstes Buch ist „Die Entdeckung Indiens". Er war in der Blütezeit des Britischen Empire in England aufgewachsen und mußte dann erst sein Heimatland Indien entdekken, oder besser, er mußte sich selbst als Inder entdekken, mußte den innersten Bereich seiner Persönlichkeit, der durch die fremde Umgebung seiner frühen Jahre verschwommen und dunkel geworden war, wieder zum Leben erwecken. Der geistvolle Bericht dieser Entdeckung ist ein bewegendes Dokument von tiefer Menschlichkeit, das sein inneres Wachstum bezeugt. Indem er sich selbst wiederentdeckte, fand er seinen Platz in der Geschichte. Je besser ich mein wahres Selbst kenne – das ist meine letzte Überlegung in diesem einleitenden Kapitel – desto größer ist der Wert meines Lebens für andere.

2 *Du bist mein geliebter Sohn*

Bei unserer Suche sind wir nicht allein. Ein anderer vor uns hat die Frage „Wer bin ich?" mit einer Tiefe und einem Ernst gestellt, die uns führen und ermutigen können und auch eine Garantie sind für den Erfolg am Ende unseres eigenen Strebens. Je reicher die Persönlichkeit ist – wie schon gesagt –, desto größer ist auch die Herausforderung und die Bedeutung der Selbstentdeckung. Jesus wußte, daß er eins war mit dem Vater und daß er der Sohn Mariens war. Er wußte, wer er war, und er wußte es in seinem menschlichen Bewußtsein, in dem er im selben Maße wuchs im Verstehen seiner selbst, wie er zunahm an Gnade und Weisheit vor Gott und den Menschen.

In Jesus war die größte psychologische Entfernung zwischen zwei Extremen: Gott und Mensch. Wenn wir in aller Demut und Ehrfurcht die Begriffe unserer menschlichen Analyse auf ihn anwenden, können wir sagen, daß es nie eine Person mit einer solchen Identitätskrise, nie eine so vielschichtige Persönlichkeit mit so gegensätzlichen Polen wie Jesus gegeben hat. Wir sagen oft „Priester und –", um ein Problem zu umschreiben und zuzuspitzen. Sein „und" war größer als irgendeines, das wir kennen oder in unserem Dasein je kennen können: das „und", das Gott und Mensch verbindet. Dementsprechend war auch sein Kampf größer; gelegentlich dürfen wir einen Blick darauf werfen, angefangen von dem zwölfjährigen Jesus, der das Zusammensein mit Josef und Maria um des „Hauses seines Vaters" willen aufgibt, bis hin zu der von Todesangst erfaßten Gestalt unter den Olivenbäumen von Getsemani in ihrer Wahl zwischen Leben und Tod, zerrissen zwischen dem Widerstreben des Menschen zu sterben und der Bereitschaft des Sohnes zu gehorchen. Wieder sollte die Frage „Wer bin ich?" in existentieller Folge die konkrete Antwort auf die Frage „Was soll ich tun?" bestimmen.

Jesus selbst stellt die Frage „Wer bin ich?" Das wissen wir, weil uns bekannt ist, daß er diese Antwort erhielt: „Du bist mein geliebter Sohn." In Nazaret kannte Jesus sich selbst mit vollem Bewußtsein, aber dieses Bewußtsein war zur selben Zeit das eines Knaben, eines Heranwachsenden, eines jungen Mannes; das unaufhörliche Staunen über sein Wachstum verband sich in ihm mit einer außerordentlichen Klarheit über die Situation des Menschen auf dieser Erde und mit dem Wissen um die wesentliche Rolle, die er darin spielen sollte. Er, der bereits die Heiligkeit der „Zeiten und Fristen, die der Vater in seiner Macht festgesetzt hat" (Apg 1,7) kannte, wartete und wartete, bis das Verlangen, sein Sein zu klären, sich selbst im Denken und im Handeln zu finden, sein Leben vor sich selbst zu bestimmen, in ihm übermächtig wurde. Er erkannte „die Fülle der Zeit" an der Reife seines Menschseins, an der Vertrautheit mit dem Vater in seinen Gebeten und an den Nachrichten von einem neuen Propheten, die Nazaret erreichten; von einem neuen Propheten, der die Volksscharen, die zu ihm in das Tal des Jordan hinauszogen, in einem Reinigungsritus taufte. Dann erst brach er mit augenblicklicher Entschlossenheit auf zu einer Reise nach Süden. Nazaret barg für Jesus die verankernden Erinnerungen der ersten dreißig Lebensjahre, das Grab Josefs, jenes guten und gerechten Mannes, unter dessen väterlicher Fürsorge er aufgewachsen war, die zärtliche Hingabe seiner Mutter, nun eine Witwe, die nur für ihn lebte. Doch das Verlangen, ganz er selber zu sein, sich auch fern von zu Hause zu kennen, einsam und von allem losgelöst in das Geheimnis seines Selbst einzutauchen, vom Vater das Wort zu hören, das nur er alleine aussprechen konnte, zog ihn unabweislich nach Aenon bei Salim im Jordantal, wo Johannes taufte. Dort, in der Demut der Buße, unter dem Gebet eines erleuchteten Propheten, in der Nacktheit des fließenden Wassers, hörte er in seinem ganzen Sein die Antwort auf die Frage, die sein Leben war, die Zusicherung seines einzigartigen Weges, die Worte, die ihm in Leben und Tod die teuersten waren, die Verkündigung, die seine Stärke war, sein Trost, sein ganz eigenes Sein: „Du bist mein geliebter Sohn."

Dieses Ereignis seiner Taufe stellt einen Höhepunkt im Leben Jesu dar, einen ganz persönlichen, Gipfel seines Sich-selbst-Verstehens, eine tiefe und einzigartige Erfahrung, die seine Sendung einleitete, indem sie seine ganze Person bestimmte. Es ist sehr aufschlußreich und hilft uns, Jesus und – in Verbindung damit – uns selber besser zu verstehen, wenn wir betrachten, wie unterschiedlich die vier Evangelisten dieses wesentliche Ereignis im Leben Jesu behandeln. Sie standen vor einem heiklen Problem. Jesus war die Unschuld, die Inkarnation der Gottheit selbst; wie konnte er dann überhaupt getauft werden, getauft durch eine Bußtaufe, getauft von Johannes, auch wenn dieser ein Prophet und noch so heilig war?

Die vier Evangelisten kannten das Ereignis, und sie behandeln die befremdliche Tatsache mit einer heiligen Scheu und zarten Zurückhaltung, die für sich genommen das beste Zeugnis für ihren Glauben an das große Geheimnis sind. Markus, der als erster schrieb, stellt dieses Ereignis aussschließlich als eine persönliche Erfahrung Jesu dar, ohne die Volksscharen überhaupt zu erwähnen. Nach ihm sieht nur Jesus allein den Himmel offen stehen und die Taube herabschweben. Die Stimme vom Himmel spricht direkt zu ihm: „Du bist mein geliebter Sohn, an dir habe ich Gefallen gefunden" (Mk 1, 11).

Lukas, der hier ganz allgemein berichtet, erwähnt Johannes den Täufer überhaupt nicht: „Zusammen mit dem ganzen Volk ließ auch Jesus sich taufen" (Lk 3, 21). Er läßt die Frage offen, ob die Taube und der offene Himmel von Jesus oder von anderen gesehen wurden, behält aber die Worte, die Jesus vom Himmel zugesprochen werden: „Du bist mein Sohn." Matthäus nun führt den Einspruch des Täufers an, um die besondere Würde Jesu zu betonen: „Ich müßte von dir getauft werden, und du kommst zu mir?" (Mt 3, 14). Er hat auch eine wichtige Änderung, indem nämlich die Stimme vom Himmel nicht zu Jesus spricht, wie bei Markus und Lukas, sondern zu der Menge. Nicht „Du bist mein geliebter Sohn", sondern „Das ist mein geliebter Sohn" (Mt 3, 17). Damit ist das Ereignis keine rein persönliche Erfahrung mehr allein für Jesus, sondern wird in erster Linie zu einer Offenbarung für das ganze Volk. Die ursprüngliche Bedeutung des Ereignisses, seine Wichtigkeit für Jesus, die zentrale Stellung in seinem Leben wird dadurch verdunkelt. Johannes schließlich, der letzte der Evangelisten, wie auch derjenige, welcher die Transzendenz Jesu am nachdrücklichsten herausstellt, läßt die Beschreibung der Taufe ganz weg und spielt nur darauf an, wenn Johannes der Täufer davon spricht, daß er den Heiligen Geist in Gestalt einer Taube auf Jesus herabkommen sah.

Aus unorthodoxer Neugier zum Schluß noch das apokryphe „Evangelium für die Hebräer", das Jesus seinen Verwandten, die ihn drängen, sich von Johannes taufen zu lassen, antworten läßt: „Worin habe ich gesündigt, daß ich hingehen und mich von ihm taufen lassen sollte?" All die Schwierigkeit, die die ersten Jünger Jesu, selbst die ihm zeitlich nahestehenden, hatten, seine Taufe zu verstehen, und ihre gutgemeinten Versuche, sie zu umgehen, sind Wirkung und Widerspiegelung jener Spannung, die Jesus in sich selbst und in seinem Selbstverständnis erfuhr. Und damit sind sie Zeugnisse des Glaubens und der Liebe für die Tiefe und den Reichtum seiner einzigartigen Persönlichkeit. Christus kennenzulernen ist eine lebenslange Aufgabe der Liebe für einen Christen – weil es das auch für Christus selbst war.

Wenn wir im Bericht des heiligen Lukas nach der Taufe Jesu weiterlesen, wird klar, wieviel dieses Ereignis für Jesus bedeutete. „Erfüllt vom Heiligen Geist verließ Jesus die Jordangegend" (Lk 4,1) und ging in die Wüste, wo der Teufel ihn versuchte, gerade die Macht zu mißbrauchen, von der er jetzt wußte, daß er sie besaß. „Jesus kehrte, erfüllt von der Kraft des Geistes, nach Galiläa zurück" (Lk 4,14). In Nazareth erhob er sich am Sabat in der Synagoge, um zu predigen; er suchte nach dem Text des Propheten Jesaja, wo es heißt: „Der Geist des Herrn ruht auf mir, denn der

Herr hat mich gesalbt", las ihn vor und begann zu sprechen: „Heute hat sich das Schriftwort, das ihr eben gehört habt, erfüllt" (Lk 4,21). Dies waren Worte von großer Bedeutung für ihn, der gerade die Erfahrung gemacht hatte, „gesalbt" und als Sohn ausgerufen zu werden, der sich gezeichnet und geheiligt fühlte durch die innige Kommunikation mit dem Geist. Aus dieser Fülle sprach er und enthüllte unmittelbar die Gaben des Geistes, die in ihm lebten: eine Weisheit, die selbst seine widerstrebenden Hörer beeindruckte, so daß „sie darüber staunten, wie begnadet er redete" (Lk 4,22); einen Mut gegenüber der heimlichen Eifersucht seiner Landsleute, mit dem er sie daran erinnerte: „Kein Prophet wird in seiner Heimat anerkannt" (Lk 4,24); und eine große Stärke, mit der er der feindlichen Menge begegnete, als sie ihn über den Felsen werfen wollte – „er aber schritt mitten durch die Menge hindurch und ging weg" (Lk 4,30). Dies waren direkte Folgen seiner Taufe. Jesus hatte am Jordan sich selbst gefunden, und bald sollte ganz Judäa davon erfahren.

Als die Gegner Jesu ihn nach der Vollmacht fragten, kraft deren er wirke, gab er eine Antwort, die viele Leser verwirrt hat, deren letzte Erklärung aber seine Erfahrung am Jordan ist: „Zuerst will ich euch eine Frage vorlegen. Antwortet mir, dann werde ich euch sagen, mit welchem Recht ich das tue. Stammte die Taufe des Johannes vom Himmel oder von den Menschen?" (Mk 11,29f). Diese Antwort Jesu war keine schlagfertige Entgegnung, um die Fragesteller in Verlegenheit zu bringen und eine offene Antwort zu umgehen, sondern eine direkte Anspielung auf das Ereignis am Jordan, wo er sich ganz erkannt hatte als den „geliebten Sohn" und gesalbt worden war mit dem „Heiligen Geist" und mit „Kraft" (Apg 10,38). Als ob er sagen wollte: „Die Vollmacht, unter euch so zu handeln, wie ich es tue, beruht auf dem, was mir am Jordan geschehen ist; und wenn ihr nicht grundsätzlich glaubt, daß Johannes' Taufe von Gott war, dann könnt ihr auch meine Vollmacht nicht anerkennen."

Am Ende meines Lebens, vor dem letzten Kampf, wollte Jesus sich für kurze Zeit an einen Ort zurückziehen, an dem seine Gegner ihn nicht stören würden und an dem er Kraft für die bevorstehende Prüfung sammeln konnte. Der Ort, den er wählte, ist sehr bezeichnend: „Dann ging Jesus wieder weg auf die andere Seite des Jordan, an den Ort, wo Johannes zuerst getauft hatte; und dort blieb er" (Joh 10,40). Jener Ort, wo Johannes getauft hatte, war genau der Ort, wo Jesus getauft worden war. Der Evangelist Johannes spricht nie direkt von der Taufe Jesu, obwohl er davon wußte (1,32); wenn er also sagt der Ort, wo Johannes getauft hatte, so heißt das „der Ort, wo Jesus getauft worden war." Der Zufluchtsort Jesu vor dem Ende war der Ort, der ihm lieb war, der Schauplatz seiner tiefsten Erfahrung, die sein Leben geprägt hatte, als die Stimme vom Himmel sprach: „Du bist mein geliebter Sohn." Dort blieb er.

Jesus führte diese innige Verbindung mit seinem Vater, die sein eigentliches Leben war, Tag für Tag fort. Er verbrachte lange Stunden im Gebet, um über die zentrale Erfahrung am Jordan nachzudenken und sie fortzusetzen und um täglich sein Verständnis von sich selbst weiter zu entfalten, das seine Entscheidungen und Handlungen leitete. „Niemand weiß, wer der

Sohn ist, nur der Vater" (Lk 10,22), sagte Jesus, und so konnte auch nur vom Vater die allmählich fortschreitende Enthüllung seines eigenen Ich kommen. Hierin liegt die tiefe Bedeutung des Gebets Jesu während seines ganzen Lebens, der Grund für das Bedürfnis, ganze Nächte in den Bergen von Galiläa zu opfern, immer wieder das Zwiegespräch mit dem Vater zu suchen, den Widerhall seiner Worte zu vernehmen, die sein Leben aussprachen, und wieder er selbst zu sein. Tagsüber war er so vieles Verschiedene für so viele – Prediger, Meister, Heiler, Freund, Gestalt des öffentlichen Lebens, Prophet, Bedrohung, Wundertäter – so viele und so verschieden sind die Gesichter seiner Sendung, so vielfältig der Klang seiner Stimme, das Licht seiner Augen, daß er sich dann, in der Nacht, davonstehlen mußte, um dem Vater in Einsamkeit und Stille zu begegnen, um wieder sein Sohn zu sein und sich als solcher zu fühlen. Jesus kannte Ermattung und brauchte Schlaf; er konnte sogar vor Erschöpfung in einem Boot einschlafen, das vom Sturm umhergetrieben wurde; aber das Bedürfnis, er selbst zu sein, war größer als das Bedürfnis, auszuruhen, und er suchte voller Hingabe den Vater in einer lebenslangen Beziehung, die der Atem seines Lebens war.

Jesus tat sogar den ungewöhnlichen, fast uncharakteristischen Schritt, seine Jünger zu fragen, was sie von ihm dächten: Wer bin ich? Er fragte sie ausdrücklich nach Reaktionen und Meinungen anderer über ihn und nach ihren eigenen. Das war nicht bloß Neugier oder einfaches Geplauder. Noch viel weniger spielte Jesus nur mit seinen Jüngern oder prüfte sie, als ob er die Antwort schon fertig wüßte und nur ihre Intelligenz auf die Probe stellen wolle oder versuchte, zur Erbauung der übrigen Petrus ein Bekenntnis zu entlocken. Nein, Jesus verstellt sich nicht. Es ist ihm ernst. Jesus stellt diese Frage, weil sie sich ihm aufdrängt, weil er eine Antwort sucht und die Rückmeldung von anderen braucht. Er will wissen was sie von ihm sagen, als Hintergrund und Kontrast für seine eigene Suche. Und so fragt er direkt: „Für wen halten mich die Leute?" Johannes der Täufer, Elija, Jeremia. Die erste Frage hat behutsam den Weg bereitet für die zweite, die nun mit größerem Ernst folgt: „Ihr aber, für wen haltet ihr mich?" (Mt 16, 15). Noch nie war Jesus seinen Jüngern so nah gekommen, so menschlich nah, wie in diesem besonderen Augenblick, als er sie über sich selbst fragte, gespannt auf ihre Antwort wartete, von ihnen Hilfe und Unterstützung erhoffte, etwas Erhellung in der Frage, die für ihn die wichtigste seines Lebens war. Und da geschieht etwas sehr Schönes. Petrus antwortet, das heißt, nicht eigentlich Petrus, denn kein Fleisch und Blut kann in Wahrheit wissen, wer Jesus ist, sondern der Vater antwortet durch Petrus, so wie er uns bei unserer Suche durch Freunde und Gefährten antwortet, und er wiederholt in öffentlicher Bestätigung jenes Wort, das Jesus so dringend immer wieder hören wollte: Sohn. „Du bist der Messias, der Sohn des lebendigen Gottes" (Mt 16, 16). Eine Woche später, am Berg Tabor, wird Jesus das Wort wieder hören und wird mit ihm nach Jerusalem gehen, um sich als dieser Sohn zu beweisen bis zum Ende, im Angesicht des Todes.

Jesus fühlte sich verletzt und reagierte sogar zornig, wenn Leute ihn als selbstverständlich hinnahmen und behaupteten, ihn ohne Schwierigkeiten zu verstehen. Der hebräische Ausdruck dafür, einen Menschen gut zu kennen, war „wissen, woher er kommt", und einige in der Menge verwendeten ihn in Zusammenhang mit Jesus, um zu sagen, daß er ihnen wohlbekannt sei: „Aber von dem hier wissen wir, woher er stammt" (Joh 7,27). Daraufhin „rief" (Joh 7,28) Jesus inmitten der Menge, die im Tempel um ihn versammelt war: „Ihr kennt mich und wißt, woher ich bin!" In seinem Ausruf sind Ironie und Zorn, die Verletztheit und Abwehr eines Menschen, der unablässig sich selbst sucht und sich plötzlich der billigen, schnellen Bewertung einer leichthin urteilenden Menge gegenübersieht. Einmal fragten Leute Jesus sogar direkt: „Wer bist du denn?" (Joh 8,25), und seine Antwort war so dunkel, daß die gelehrten Versionen von „Warum soll ich euch das sagen?" bis „Das, was ich euch sage!" reichen. Jedenfalls ist es nicht viel, was uns weiterhelfen könnte. Es war nicht leicht, ihn zu kennen, dessen lebenslange Aufgabe es war, sich selbst zu erkennen. Nur Jesus konnte behaupten, „Ich weiß, woher ich gekommen bin und wohin ich gehe" (Joh 8,14) und Johannes sagt von ihm bei seiner letzten Nacht auf der Erde, er habe gewußt, „daß er von Gott gekommen war und zu Gott zurückkehrte" (Joh 13,3). Dieses Wissen war hart erkämpft.

Daß Jesus wirklich Gottes Sohn war, wurde endgültig in seiner Auferstehung offenbart und verkündet. Er war es, „der dem Geist der Heiligkeit nach eingesetzt ist als Sohn Gottes in Macht seit der Auferstehung von den Toten" (Röm 1,4). Seine Auferstehung war das Siegel auf seiner Sohnschaft, die Vollendung seiner Persönlichkeit, die letzte Antwort auf die Suche seines ganzen Lebens. Er war der Sohn, weil er vom Vater erhoben worden war. Die ganze Bedeutung seines Lebens wurde enthüllt, als sein Leben endete. Seine triumphale Aufnahme durch den Vater erwies und besiegelte seine Sohnschaft und gab allem Vorangegangenen in Jesu Leben Bedeutung und Tiefe. Bis zu diesem Augenblick hatte Jesus sozusagen auf Kredit gelebt. Seine einzige Antwort für die Fragenden war gewesen: Das Ende wird zeigen, daß ich im Recht bin; habt Geduld und ihr werdet es dann sehen.

Als die Juden ihn um ein Zeichen baten, das seine Taten rechtfertigen könnte, verwies er sie auf seine Auferstehung: „Reißt diesen Tempel nieder, in drei Tagen werde ich ihn wieder aufrichten" (Joh 2,19). Das war eine Antwort auf ziemlich lange Sicht. Johannes vermerkt knapp, daß selbst seine Jünger sie erst nach dem Ereignis verstanden. Aber das war die einzig mögliche Haltung für Jesus: Wartet, mein Leben wird nach meiner Auferstehung verkündet werden, meine Person wird erst verstanden werden, wenn der Vater mich von den Toten auferweckt. „Wenn ihr den Menschensohn erhöht habt, dann werdet ihr erkennen, daß Ich es bin" (Joh 8,28). Die endgültige Antwort auf die Frage „Wer bin ich?" ist die Auferstehung, denn für Johannes bedeutet die Erhöhung am Kreuz die Kreuz-Auferstehung. Dadurch, daß er Jesus von den Toten auferwecken wird, wird der Vater alles annehmen, was er getan, alles bestätigen, was er gesagt hat, alles als gültig erweisen, was er gewesen ist. Bis zu jenem Augenblick muß Jesus warten und die anderen vertrösten; er muß die Spannung aushalten (vgl. Lk 12,50), die daraus erwächst, daß er jetzt mit einer Vollmacht handelt, die erst bestätigt werden wird. Wie ein Wissenschaftler, der weiß, daß seine Entdekkung richtig und wichtig ist, der aber unter dem Widerstand und den Angriffen, ironischen Bemerkungen und Mißverständnissen von Kritikern und Skeptikern leiden muß, bis das abschließende Experiment durchgeführt ist und beweist, daß er recht hat. Selbst die Wunder Jesu sind „Zeichen" nur soweit, als sie das Zeichen an sich, die Auferstehung, vorwegnehmen, denn – und daran wurde er am Kreuz grausam erinnert – was für einen Sinn hatte es, andere zu retten, wenn er sich selbst nicht retten konnte? (Mt 27,42.) Welchen Wert könnte die Auferweckung des Lazarus haben, wenn er nicht selbst auferweckt werden würde? Alles im Leben Jesu drehte sich um seine Auferstehung. Das Ende seines Lebens war die Vollendung seiner Selbstoffenbarung – wie es die Fülle seines Selbstverständnisses war. „Mein Sohn bist du. Heute habe ich dich gezeugt" (Ps 2,7).

Auch unser Leben wird seinen vollen Sinn erst erlangen in der endgültigen Annahme durch den Vater. Bis dahin gilt es, unsere Ungewißheiten, Verwirrungen und Widersprüche zu ertragen. Meine Antwort auf die Frage „Wer bin ich?" wird mein ganzes Leben sein, wenn es abgeschlossen ist. Bis dahin lebe ich aus dem Glauben. In Gebet und Betrachtung strebe ich danach, mich im Blick des Vaters gespiegelt zu sehen, durch die einende Perspektive seiner Vorsehung versuche ich, in meinen vielfältigen Erfahrungen einen Sinn zu sehen, von ihm die Worte zu hören, die gnädig auch auf mich zutreffen: „du bist mein geliebter Sohn", und in ihrer Kraft und ihrer Freude zu leben. In der Suche nach unserem eigenen Selbst lehrt uns die Erfahrung Jesu, daß unser Glaubensleben die wahre Grundlage für unser Selbstverständnis ist.

3 *Ich bin ein Christ*

Nur der Vater kennt den Sohn und kann ihm sein eigenes Bild vermitteln. Nur der Vater kennt mich wirklich und kann mich mir selbst enthüllen. „Ich kenne dich mit Namen" (Ex 33, 17). „Noch ehe ich dich im Mutterleib formte, habe ich dich ausersehen" (Jer 1, 5). „Schon bevor dich Philippus rief, habe ich dich unter dem Feigenbaum gesehen" (Joh 1, 48). „Wer siegt, dem werde ich von dem verborgenen Manna geben. Ich werde ihm einen weißen Stein geben, und auf dem Stein steht ein neuer Name, den nur der kennt, der ihn empfängt" (Offb 2, 17). Nach hebräischem Gebrauch steht der Name für die Person, für ihren Charakter, ihre Sendung, ihr Leben. Mein Name ist meine Persönlichkeit, meine Individualität, meine Identität, und ich erhalte ihn von Gott auf einem weißen Stein: ganz persönliche Gabe, Offenbarung für mich allein, das Geburtstagsgeschenk zum ewigen Leben. Andere Leute mögen mir andere Namen geben, andere Pläne mit mir haben, mein Leben anders verstehen.

Als Johannes der Täufer geboren wurde, wollten seine Verwandten das Kind Zacharias nennen. Familientradition, Gewohnheit, die Erwartung, daß der Sohn werden wird, was sein Vater ist, und tun wird, was man ihm sagt. Aber Gott hatte andere Pläne. Und Gott sagte: „Sein Name ist Johannes." Wenn Gott einem Kind seinen Namen gibt, wird dieser groß sein vor

Gott. Die Hand des Herrn ruhte auf ihm – wie sie auch auf mir liegt. Nur muß ich seinen Namen für mich wissen, um seinen voraussehenden Ratschluß für mein Leben zu kennen, mich aus ihm heraus zu entdecken.

Vor einigen Jahren bereitete eine Monatszeitschrift in Gujarati, für die ich Beiträge schrieb, die Jubiläumsausgabe zum hundertsten Jahrestag ihres Bestehens vor. Dabei bat der Herausgeber hundert Autoren, je eine Seite über das Thema „Mein Traum" zu schreiben. Diese hundert Essays sollten als die Geburtstagsausgabe dieser Zeitschrift erscheinen. Ich war auch gebeten worden und schrieb: „Mein Traum ist in Wirklichkeit der Traum eines anderen für mich. Wenn ein Kind geboren wird, oder eigentlich schon bevor es geboren ist, planen, denken und träumen liebevolle Eltern für dieses Kind, was aus ihm werden soll, wozu sie ihm verhelfen werden, von seinem beruflichen Werdegang, seinen Erfolgen, seinem Glück. In diesem Traum liegt Liebe und Sorge und Unterstützung. Gott ist ein liebender Vater, und wenn er mir ein Leben gibt in einer Welt, die er geschaffen hat, und unter Umständen, die er beherrscht, dann träumt er auch für mich. ‚Du wirst dem Herrn vorangehen und ihm den Weg bereiten. Du wirst sein Volk mit der Erfahrung des Heils beschenken in der Vergebung der Sünden' (Lk 1,76f.). Der liebevolle Traum eines Vaters für sein Kind.

Als ich noch sehr jung war, schon während der Schulzeit, machte mich der Gedanke froh, daß Gott meine Wege kennt und seine Hand über mir ist, daß er mich leiten und mir zeigen wird, wie mein Leben unter seiner liebevollen Führung gelingen kann. Er hatte große Überraschungen für mich bereit. Ich wurde Jesuit, obwohl mein Vater nie in die Kirche ging. Ich beschloß, nach Indien zu gehen, obwohl die Idee der Mission mich nie angesprochen hatte. Ich wurde Schriftsteller, obwohl ich Mathematik studiert habe. Und so höre ich nicht auf zu rätseln und mich zu freuen über die Kapitel meines Lebens, so wie sie kommen, und bitte Gott, mir nicht aufzudecken, wie das nächste Kapitel meines Lebens aussehen soll, sondern die Spannung der Geschichte Seite für Seite zu erhalten bis zum Ende, das gewiß eine große Überraschung sein wird. Er ist ein guter Schriftsteller."

Das war der Tenor meines Artikels. Einige Freunde sagten mir, beim Lesen bekäme man den Eindruck, als hätte Gott eine Art Drehbuch für mich geschrieben und mir bliebe nur übrig, es in meinem Leben nachzuspielen. Ich weiß wohl, daß dies weder meine Überzeugung noch meine Erfahrung war. Frei und liebevoll entdecke ich, indem ich meine Tage durchlebe, die Bedeutung, die sie zusammenhält, die Botschaft, die Gott in jedem einzelnen von ihnen für mich hinterlassen hat, damit ich sie wie bei einer Schatzsuche herausfinde und mich an Gottes Traum erfreue und diesen Traum wahr werden lasse. Ich sandte meinen Artikel an den Herausgeber, der dann die Jubiläumsausgabe mit ihm eröffnete. Als später eine Schriftstellerin, Jyoti Thanaki, sich entschloß, inspiriert durch diesen Artikel, ein Buch über mich zu schreiben, gab sie ihm den Titel „Gottes Traum". Wenn ich auch zuerst über diesen Titel erschrocken war, mußte ich bald zugeben, daß sie mit ihm den innersten Kern meines Lebens getroffen hatte, da ich dessen Sinn immer darin gesehen habe, Ausdruck der göttlichen Schöpfung, Liebe und Vorsehung zu sein.

Ich möchte damit sagen, daß von den vielen Strängen, die mein Leben ausmachen und die ich im weiteren entwirren will, der Hauptstrang, der allen anderen Zusammenhalt, Kraft und Einheit gibt, mein Glaube an einen liebenden Vater ist, der mich kennt und für mich Sorge trägt, der sieht, wenn ich blind bin, der einen Weg findet, wenn ich mich verloren fühle, der mir vertraut, sogar wenn ich mir selbst nicht vertraue, der mich mir selbst allmählich enthüllt, der mich fühlen läßt, daß ich ein Mensch bin, weil er mich spüren läßt, daß ich sein geliebter Sohn bin.

Meine erste Antwort auf die Frage „Wer bin ich?" lautet: Ich bin ein Kind Gottes. Weil ich ein Kind Gottes bin, ist die Schöpfung freundlich und die Natur ein Zuhause. Dies ist keine feindselige Welt, nicht Feindesland, keine dürre, unfruchtbare Wüste, kein tränenreiches Exil. Ich bin da, wo ich hingehöre, und das Weltall ist mein väterliches Erbe. Ich habe ein Recht, da zu sein, wo ich bin. Ich bin nicht heimatlos, bin kein Fremder, kein Gast. Ich bin ein Sohn des Hauses. Die Menschheit ist eine Familie, und die Erde ist mein Spielplatz. Ich bin hier zu Hause, in der menschlichen Rasse und im Sonnensystem. Bei allen Schmerzen, aller Verzweiflung und Leere, allen ungelösten Rätseln des Lebens und namenlosen Leiden der Menschheit spüre ich tief in mir – kraftvoll wie eine Strömung in der Tiefe des Ozeans –, daß das Leben ein Segen und ein Geschenk ist, daß die Welt gut ist, daß die Menschen lieben können, daß das Dasein einen Sinn hat und daß ich da bin, um mich an dem allem zu erfreuen, um im Garten meines Vaters zu sein, unter seinem liebenden Blick und in seiner unerschöpflichen Fürsorge.

Einmal besuchte ich ein großes Industrieunternehmen und wurde dabei vom Geschäftsführer und einigen anderen Leuten begleitet, unter ihnen auch der Sohn des Geschäftsführers, ein sympathischer Junge, der die verschiedenen Anlagen viel interessanter zu erklären wußte als sein Vater bei seiner offiziellen Information. Wir erstiegen einen Turm im Hauptgebäude, von dem aus man eine Übersicht über das riesige Betriebsgelände hatte; wir sahen die Maschinenhallen, die Lastwagen, wie sie be- und entladen wurden, feuerspeiende Kamine und ausgedehnte Lagerhallen, Rasenflächen, breite Straßen, einen großen Parkplatz mit einer verrückten Ansammlung von tausend Autos, und wie eine Grenze die Bäume in der Ferne. Der Junge sah auf alles mit unverhohlenem Stolz, machte eine weit ausholende Geste und sagte überzeugt: „Das alles gehört meinem Papa." Manche der Anwesenden lächelten, aber keiner sagte etwas. Er war der Sohn des Chefs. Alle, die da standen, wußten das. Er konnte überall hingehen, und alle würden ihn grüßen, ihm helfen und ihm jede Tür öffnen. Auf diesem Gelände war er sicher. Niemand würde ihm etwas zuleide tun. Er war der Sohn des Chefs. Und genau das bin auch ich auf dieser runden Erde unter diesem sternenbesetzten Himmel. Ich bin der Sohn des „Chefs". Ich fühle mich sicher und geachtet, kann mich frei bewegen und mich erfreuen – und kann die Leute lächeln lassen.

Meine erste Aufgabe als Verfasser mathematischer Werke bestand darin, für die Universität von Gujarat das Buch „Pure Mathematics" von G. H. Hardy aus dem Englischen ins Gujarati zu übersetzen. Ich war damals nicht sicher, ob mir das gelingen würde, aber ich schätzte das Buch und den Autor so sehr und trieb so gerne Mathematik, daß ich die Arbeit annahm. Das Buch ist eine lange Abhandlung, die Hardy nach seinen eigenen Worten „mit dem Eifer eines Missionars, der den Kannibalen predigt", geschrieben hat, um wieder Strenge, Genauigkeit und Logik in den Mathematikunterricht einzuführen, der seit der Jahrhundertwende hier sehr zu wünschen übrig ließ – ein Zustand, der der Königin der Wissenschaften durchaus nicht würdig war. Geschrieben mit Witz, Würze und Sachverstand, großer Originalität und mit „spin" – wie man beim Cricketspiel bei einem mit starkem Drall geschlagenen Ball sagt, eine Fertigkeit, die Hardy, ein großer Liebhaber dieses Sports, bei seinen Freunden suchte und selbst in höchstem Maße besaß –, erfüllte das Buch seinen Zweck. Es rüttelte eine ganze Generation von Mathematiklehrern in der englischsprechenden Welt wach und führte sie zu einer Klarheit und Genauigkeit, die schon die Ankunft der „neuen Mathematik" geistig vorbereiteten. Hardy besaß ein brillantes, elegantes und farbiges Wesen, das eine Freude war für seine Freunde, anspornend für seine Studenten und auch für seine Gegner ehrfurchtgebietend. Er wurde geachtet, bewundert, ja sogar gefürchtet, fand gesellschaftliche Anerkennung und erreichte höchste akademische Erfolge. Und doch – es ist traurig und erschreckend: im Alter unternahm er einen Selbstmordversuch. Der Versuch mißlang, doch sein Elend war so groß, daß die Menschen, die ihm nahestanden, dachten und es auch aussprachen, es sei schade, daß der Versuch mißlungen war. Sein Elend erwuchs aus dem Nachlassen seiner schöpferischen Fähigkeiten auf dem Gebiet der Mathematik, für die allein er gelebt hatte. Er hatte mit berühmten Mathematikern zusammengearbeitet, hatte originelle Entdeckungen gemacht und war eine ganze Generation lang auf dem Gebiet der reinen Mathematik im Commonwealth führend gewesen. Aber als sein Intellekt sich trübte, spürte er, daß er nun nicht mehr konnte, was er sein Leben lang getan hatte. Und etwas anderes, für das er leben konnte, besaß er nicht: keine vertrauten Freunde und keine Familie, denn geheiratet hatte er nie. Schon früh in seinem Leben hatte er mit der ganzen Entschiedenheit und Endgültigkeit erklärt, er glaube nicht an Gott.

Arbeit, Zuneigung und Glauben sind die drei Säulen, auf denen das Glück eines Menschen, und wenn er sensibel ist, sogar seine Gesundheit, stehen. Wenn diese drei fehlen, kann jede Situation zur Verzweiflung führen. Ich möchte hier gewiß nicht das Elend eines Menschen ausnützen, noch viel weniger billige Rechtfertigung des Christentums betreiben oder den Atheisten eine donnernde Predigt halten, sie erwarte nur Verzweiflung und Selbstmord. Nichts davon. Ich habe in meinem Leben frohe Atheisten und beklagenswerte Gläubige gekannt. Es liegt mir nur daran – bei aller Achtung und Ehrfurcht vor dem Leiden und dem Geheimnis des Lebens wie auch der Gewissensentscheidung des einzelnen – an einem Fall, der mich tief berührt hat, auf den Mangel und die Leere hinzuweisen, zu der die Abwesenheit Gottes im Leben eines Menschen führen kann. Die Suche nach Sinn, nach einer Richtung, nach einem Grund, auf dem man stehen, und einem Horizont, den man mit Hoffnung füllen kann, ist ein grundlegendes Bedürfnis für jeden denkenden Menschen. Und eine befriedigende Beziehung zu Gott stillt dieses Bedürfnis; ohne eine solche persönliche Beziehung ist dieser Lebensnotwendigkeit nicht leicht zu begegnen. Beruflicher Erfolg und tiefe menschliche Beziehung mögen diese Lücke eine Zeitlang ausfüllen. Doch wenn auch sie versagen, können Unheil und Verzweiflung am Ende stehen.

Einmal führte ich mit einer Gruppe junger Männer aus verschiedenen Religionen folgendes Experiment durch, mit dem ich deutlich machen wollte, wie notwendig eine Perspektive, inneres Gleichgewicht, eine weite Sicht der Dinge und eine auf Glauben gegründete und zuversichtliche Lebenseinstellung sind. Jeder erhielt ein Blatt Papier und einen Bleistift und mußte von sich selbst und seinem Leben ein Bild zeichnen, so, wie er es selbst sah. Ich erwartete keine Kunstwerke, sondern nur, daß jeder sich symbolisch darstelle. Die meisten zeichneten das Bild eines Mannes, mit dem einen oder anderen Merkmal, einige machten eine Art Gruppenbild, bei dem sie in der Mitte ihrer Familie oder ihrer Arbeitskollegen standen; einer oder zwei brachten mehrere Szenen zu Papier, die die wichtigsten Ereignisse ihres Lebens von der Geburt bis zur Gegenwart darstellten.

Zuerst sahen wir uns alle Zeichnungen gemeinsam an, dann erzählte ich ihnen die Geschichte von dem indischen König, der einen Palast baute. Es war der prächtigste je auf Erden errichtete Palast, und als er fertig war, hatte der König den Wunsch, ihn vom größten Künstler malen zu lassen. Der Künstler hatte sich schon zur Ruhe gesetzt und lebte in den Wäldern, aber er erklärte sich bereit, im Dienst der Krone und des Volkes den Pinsel wieder in die Hand zu nehmen. Der König wies ihn an, den Palast in allen Einzelheiten und ganz genau so zu malen, wie er in Wirklichkeit war. Der Meister stellte als einzige Bedingung, daß niemand das Bild sehen sollte, bevor es ganz vollendet wäre. Die Bedingung wurde angenommen, und in völliger Einsamkeit ging der Meister zu Werk. Nach einiger Zeit rief er den König und enthüllte das vollendete Gemälde vor ihm. Der König betrachtete es voller Staunen. Auf einer großen Leinwand sah er einen Wald und einen Berg dargestellt, davor ein sich dahinschlängelnder Fluß, darüber ein tiefblauer Himmel. Es war ein herrliches Bild. „Aber," rief der König aus, als er sich von seiner Überraschung erholt und die Sprache wiedergefunden hatte, „wo ist mein Palast?" Der Meister lächelte und sagte mit milder Stimme: „Wenn Eure Majestät genau hinsehen wollen, da, am Fuß des Berges, am Rande des Waldes, an der Biegung des Flusses ist ein winziger Punkt. Das ist Euer Palast." Und da das Gesicht des Königs immer noch Erstaunen und Mißfallen ausdrückte, fügte er hinzu: „Euer Majestät baten mich, diesen Palast genau so zu malen, wie er in Wirklichkeit ist. In der Wirklichkeit der Schöpfung Gottes ist Euer Palast nur ein winzig kleiner Punkt. Wenn Eure Majestät jedoch geruhen wollen, sich diesen Punkt mit einem Vergrößerungsglas anzusehen, werden Eure Majestät mit Befriedigung feststellen können, daß keine Einzelheit des Palastes fehlt."

Solcherart war die Kunst der großen indischen Meister, und solcherart war die Weisheit, die das Leben des Menschen vor dem ewigen Hintergrund der göttlichen Vorsehung sah. Der König hatte erwartet, daß das Bild seines Palastes die ganze Leinwand einnehmen würde. Der Mensch bläht sein Selbstbild so weit auf, daß es sein ganzes Bewußtsein ausfüllt. Daraufhin folgt der Verdruß. Der Palast kann abbrennen, von einem Erdbeben erschüttert oder von feindlichen Soldaten zerstört werden. Und am Ende, beim Tod des Besitzers, muß er zurückbleiben. So lebt der König in Furcht und stirbt unter Qualen. Erst die Sicht auf den großen Zusammenhang gibt Ausgleich, Ganzheit und Frieden. Erst die Landschaft des Glaubens gibt dem menschlichen Leben Tiefe, Gewicht und Halt. Um den König dies zu lehren, hatte der Meister sich bereitgefunden, die Ruhe seines Waldes zu verlassen, und um einige junge Menschen zum Nachdenken über die Grundlagen ihrer eigentlichen Identität zu führen, hatte ich ihnen diese Geschichte erzählt. Ein wenig Nachhilfe in Perspektive ist nötig, um unser Selbstporträt so zu zeichnen, „wie es in Wirklichkeit ist".

Für mich persönlich gilt die christliche Perspektive. Ich bin Christ. Das bedeutet für mich: Geburt in eine christlichen Familie, Taufe als Kind, Entdeckung der Evangelien in der Zeit des Heranwachsens, eine starke persönliche Beziehung zu Jesus als meinem Freund das ganze Leben hindurch, die charismatische Erfahrung und die Erfahrung der Berufung zum Priestertum, die Unterstützung durch die Kirche, doch auch die Mühe mit ihr als Institution, sowie eine Betrachtungs- und Lebensweise und ein Wertsystem, die den grundlegenden Rahmen für mein Denken und Handeln bilden; ein Gefühl der Loyalität und gemeinsame Verantwortung füreinander.

Christ sein heißt im Sinne der Bibel, Zeuge der Auferstehung sein (vgl. Apg 1,22), im Leben und im Glauben, durch Wissen und persönliches Beispiel zu bekennen, daß Jesus auch heute lebt. Das taten Petrus, Johannes und Jakobus am Ostersonntag: Sie begegneten Jesus und sagten es weiter. Das macht auch mich heute zum Christen. Nicht einfach Petrus, Johannes und Jakobus zitieren, sondern selbst, in Glaube und Demut, die persönliche Begegnung mit dem lebendigen Christus suchen; das bringt die Wirklichkeit, die ich im Sakrament empfangen habe, zum Leben.

Schon die koptischen Kirchenväter beklagten zu ihrer Zeit, daß die Christen wie Hunde geworden seien, die Hunden folgen, die dem Hasen nachrennen. Mit dem Ergebnis, daß nicht wenige aus dem Rennen ausschieden. Christen aus zweiter Hand. Nachfolger von Nachfolgern, die das Hörensagen als Beweis nehmen. Verwässertes Christentum. Das ist nicht die Macht des Geistes.

„Dein Angesicht, Herr, will ich suchen. Verbirg nicht dein Gesicht vor mir" (Ps 27,8). Jahrelang war ich zu schüchtern und furchtsam, um ein solches Gebet zu sprechen, es ernst zu nehmen und danach zu leben; ich hielt es für anmaßend und gefährlich, da Erfahrung zu suchen, wo doch der Glaube allein genügen sollte. Es bedeutete eine Unterschätzung der Macht und der Liebe Gottes, der die Möglichkeit hat und danach verlangt, als Herr und Vater das Herz des Menschen zu erreichen, und der es auch in unmißverständlicher und unbeschreiblicher Weise tut. Ignatius sagte wiederholt, daß er, selbst wenn ihm die Bibel und alle religiösen Bücher genommen wären, weiterhin mit derselben Kraft glauben würde, allein aufgrund der eindringlichen Erfahrung, die seine Seele bei Manresa am Ufer des Cardoner erfüllt habe – als er hinunterschaute auf eine Biegung des Flußlaufs, wo das Wasser „tief unten fließt." Bei aller Anerkennung des Abstandes und der Größenverhältnisse ist es Pflicht und Vorrecht jedes einzelnen, dieselbe Überzeugung zu erlangen und den Schatz derselben Einsicht zu hüten. „Jesus, den wir zu erfahren streben, wie der heilige Ignatius es erstrebte" (Generalkongregation 32). Zur Person gewordene Lehre. Verinnerlichte Religion. Lebendiger Glaube. „Das sind die Menschen, die nach ihm fragen, die dein Antlitz suchen, Gott Jakobs" (Ps 24,6).

„Ich bin ein Christ" heißt, in aller Einfachheit und Tiefe, „Ich habe den Herrn gesehen." Was Johannes für sich als Beglaubigung anführt, ist, bei allen Unterschieden der Zeit und der Umstände, die genaue Definition eines Christen. „Was von Anfang an war, was wir gehört haben, was wir mit unseren Augen gesehen, was wir geschaut und was unsere Hände angefaßt haben, das verkünden wir: Das Wort des Lebens. Denn das Leben wurde offenbart; wir haben gesehen und bezeugen und verkünden euch das ewige Leben ... Was wir gesehen und gehört haben, das verkünden wir euch" (1 Joh 1,1–3). Das Evangelium ist Frohe Botschaft, gute Nachricht, und aktuelle Nachrichten sind Ereignisse von heute. Ich bin ein Christ, insoweit die Botschaft und die Person Christi zu guten Nachrichten in meinem Leben werden.

Die christliche Erfahrung umfaßt ein weiteres „Wer bin ich?", das unbeliebt, ja gefährlich ist in seinen Erscheinungen, aber direkt und unabweislich in seiner Realität: Ich bin ein Sünder. Diese Feststellung kann mißverstanden werden und ist oft mißbraucht worden. Auch ich habe mich in den ersten Jahren meines Priestertums in Exerzitien für Jesuiten mit fehlgeleitetem Eifer darin ergangen, Schuldgefühle zu erzeugen, gespaltene Persönlichkeiten, den Gegensatz zwischen dem „alten Menschen" und dem „neuen" zu verschärfen, womöglich auch Minderwertigkeitsgefühle, ja sogar Selbstverachtung und Selbsthaß zu wecken. Es ist nicht schwer, ein gefügiges Gewissen zu manipulieren und in Schuldgefühle zu stürzen, damit es sich später erlöst fühlen kann; Fesseln anzulegen um des Verdienstes willen, sie wieder abzunehmen, zu versklaven, um zu befreien. Manipulation durch Schuld ist ein geheimes und gefährliches Spiel mit der Macht.

Viel Überlegung und schmerzhafte Analyse hat es mich gekostet, mein Reden über die Sünde in diesem Sinne zu reinigen und zu läutern. Ist dies getan, bleibt eine unumstößliche Tatsache und starrt uns ins Gesicht: Etwas stimmt nicht mit dem Menschen, wie er heute ist, mit der Gesellschaft, mit der Welt. Eine Flut von Leid überschwemmt die Menschheit, und in ihren dunklen Tiefen liegt jene erschreckende Wirklichkeit (oder eher, philosophisch gesprochen, jene Leugnung der Wirklichkeit), die wir Gottlosigkeit, Arglist, moralisches Übel oder Sünde nennen.

Um mich herum sehe ich Haß, Gewalt, Unterdrükkung, Fehden zwischen Brüdern und Krieg zwischen Nationen, Blut und Knechtschaft und Tod. Die Unfähigkeit des Menschen, so zu sein wie er gern sein möchte, der Zwang, zu verletzen, die sinnlosen Qualen, das Elend von Millionen und die Hilflosigkeit aller. Und ich erkenne die Wurzeln all dieser Übel in den Herzen der Menschen – in meinem eigenen Herzen. Trotz meiner Erziehung, meiner Spiritualität, meiner geistlichen Schulung und meiner Berufung zu dienen, spüre ich tief in mir den unvernünftigen Trieb, den blinden Instinkt, einen heillosen Stolz und eine ungebrochene Selbstsucht – alles Samenkörner der Gewalttätigkeit in der Welt. Die Bosheiten, die ich begehe, sind nicht entschuldbare Unfälle in einem ansonsten würdigen Leben, sondern im Gegenteil, sie sind die sichtbaren Erscheinungsformen jenes dunklen Prinzips, das in mir und sogar ein Teil von mir ist; mein widerstrebendes Selbst, der Schuft in mir, oder eigentlich ich selbst, mein ganzes Ich unter der gesetzlosen Widersinnigkeit, die unbegreiflich und unleugbar Besitz von mir ergreift. Um es direkt und theologisch zu sagen: Ich bin nicht ein Sünder, weil ich sündige, sondern weil ich ein Sünder bin, sündige ich. Die Wurzel ist in mir, und die bittere Frucht ist nur ein Beweis für ihren Ursprung.

Die Macht des Bösen zeigt ihre eigentliche Natur im Fluch der Abhängigkeit: Dieser blinde Zwang, der von einem Menschen gegen sein besseres Ich Besitz ergreift und ihn erbarmungslos, wahnsinnig, und unerbittlich dazu treibt, Dinge zu tun, die er haßt, sich so zu verhalten, wie er sich tausendmal geschworen hat, sich nie wieder zu verhalten. So entsteht jede große Sucht, wie Trunksucht, Sex, Drogen und Macht; ebenso jede kleinere wie Launen, Wut, Trägheit, Zynismus. Alles, was einen Menschen zeichnet, ihn verkrüppelt, seinen Charakter untergräbt, seine Selbstachtung mindert, ja sein ganzes Selbst zerstört. Das ist „der Geier in unseren Adern" oder „der Affe auf unserem Rücken" in der Sprache der Drogensüchtigen, die verhängnisvoll auch auf alle anderen Abhängigkeiten paßt.

Die bittere Ironie der Sünde ist, daß sie nicht Freiheit bedeutet, obwohl sie diesen Anschein erwecken will, sondern Unfreiheit. Sünde heißt nicht, „Ich tue was mir gefällt", sondern „Ich bin nicht stark genug zu tun, was ich wirklich und wahrhaftig tun möchte". Statt Freiheit ist sie Zwang, statt Befreiung eine Fessel, statt Unabhängigkeit Sklaverei. Paulus personifiziert die Sünde (im Singular) als eine auswärtige Macht, die wie ein König das menschliche Dasein beherrscht (vgl. Röm 5, 21), wie ein Herr (6, 14) oder ein Sklavenhalter (7, 14) und Gefängniswärter (Gal 3, 22), unter dem der Mensch ein bloßer Besitz ist, unfähig, in Freiheit zu leben und nach eigenem Willen zu handeln. „Dann aber bin ich nicht mehr ich es, der so handelt, sondern die in mir wohnende Sünde" (Röm 7, 17)! Sie ist eine fremde Gewalt, die von unseren Fähigkeiten Besitz ergreift und sie zwingt, für sich und gegen unseren Willen zu handeln. Eine Geschichte von Hilflosgkeit, Gefangenschaft und Tod. „Ich bin deinem Feind verlobt" (John Donne).

Manches Mal in meinem Leben habe ich meine Mutter verletzt, obwohl ich sie doch mehr als alles auf der Welt liebe. Und jedesmal, wenn ich danach wieder zur Vernunft kam, fragte ich mich bestürzt: Wie konnte ich das tun? Wie konnte ich so gefühllos, gemein und grausam sein? Und das gegenüber dem Menschen, der mir am nächsten steht, den ich so liebe, dem ich treu diene? Ich war nicht ich selbst, als ich das tat. Und doch war ich es. Ich bin immer mein ganzes Ich, auch das in mir, was ich nicht verstehe, dem ich mißtraue, das ich am liebsten verwerfen möchte und das ich versucht bin zu verleugnen. Ich bin auch das dunkle Ich, das sündige Ich, das unannehmbare Ich. Ich bin ich, auch wenn ich außer mir bin.

So will ich jetzt diesen weniger liebenswerten Teil von mir ans Licht bringen und aufmerksam betrachten; nicht um ihn noch weiter zu übersehen, zu umgehen oder zu beschönigen, sondern um ihn zu kennen, mich ihm zu stellen, über ihn nachzudenken – und um ihn dann entschieden und bedingungslos anzunehmen. Das Annehmen wird mir möglich und leicht gemacht durch die Tatsache des Glaubens, daß Gott, der auch meine dunkelsten Seiten kennt, mich annimmt und liebt, so wie ich bin. Das ist ja die Grundlage der Religion und des Glaubens.

Und wenn Gott mich annimmt, wer bin ich denn, mich abzulehnen? Wenn der Richter losspricht, wer soll dann noch verurteilen? Und, noch tiefer, wenn der Vater mich in all meinen Lumpen umarmt und mich ohne Zögern wieder in die Geborgenheit der Familie und in die Freude des Heimathauses aufnimmt, wie kann ich mich dann noch einen Fremden und einen Knecht nennen? Als Paulus unter einer persönlichen Prüfung litt, die ihm Schmerz und Schande brachte, und er darum bat, daß sie von ihm genommen würde, erhielt er die unerwartete Antwort: „Meine Gnade genügt dir, denn sie erweist ihre Kraft in der Schwachheit" (2 Kor 12,9). Das ist nicht ein Versprechen, die Versuchung wegzunehmen oder gar den Sieg zu gewährleisten, sondern eher die Versicherung, daß, was auch immer dabei herauskommt, Gottes Gunst (denn das heißt „Gnade") immer da sein wird. Als ob er gesagt hätte: „Es ist genug für dich zu wissen, daß, wie groß auch deine Schwäche sein mag, meine Gunst immer mit dir ist." Es ist genug für mich zu wissen, daß Gott mich immer so liebt, wie ich bin. Ja, gerade meine Schwäche, wenn ich um sie weiß, sie erkenne und annehme, bringt mich gnädig näher zu Gott und öffnet mich seinem erlösenden Handeln.

Jesus hat gesagt, er sei gekommen, die Sünder zu rufen, nicht die „Gerechten". Wenn er mir die Füße nicht wäscht, kann ich nicht eins mit ihm sein. Bis ich nicht mit vollem Herzen das „ich bekenne" sagen kann, kann ich nicht mit ihm zu Tisch sitzen. Die Anerkennung meiner Unwürdigkeit ist kein Hindernis dafür, daß Gott mich annimmt – und auch nicht dafür, daß ich mich annehme, vielmehr ist sie eine glückliche Voraussetzung und eine paradox erscheinende Hilfe. Jetzt brauche ich mich vor nichts in mir mehr zu fürchten. Ich kann alles annehmen und umarmen. Alles ist ich, alles ohne Ausnahme, Licht und Schatten, Hohes und Niedriges, Schönes und Abstoßendes, Wertvolles und Wertloses, was immer ich kennenlerne und erlebe und bin – in mir wird es eins und formt mich und ist Ich. Jedes kleinste Teil von mir möchte ich kennen und retten und besitzen und wie einen Schatz hüten, um so das Mosaik meines Lebens zusammenzufügen, indem ich jedem Steinchen seinen Wert und seinen Platz darin gebe.

Noch ein Steinchen, das in Form und Farbe der Kontrast zum Motiv des Sünders sein soll: Wiederum zusammen mit Paulus, der all seine Christen, deren irdisches Dasein er doch so gründlich kannte, umfassend und rückhaltlos „Heilige" nannte, beanspruche auch ich in freudiger Zuversicht diesen erhabenen Titel. Ich tue es, obwohl ich mir des schwerwiegenden Widerspruchs, der mein Sein ja gerade ausmacht, bewußt bin. Ich bin ein Heiliger. Und während ich anfange, widersprüchliche Titel zu sammeln, spüre ich, daß ich auf dem richtigen Weg bin. Denn was ich auch sein mag, ich bin ein Widerspruch.

4 *Ich bin der Sohn meiner Mutter*

Ich sehe mich im Abteil einer kleinen Schmalspurbahn, die im Norden Spaniens durch ein grünes Tal von beglückender Schönheit fährt. Der Zug hat seinen Namen von dem Fluß, dessen gewundenem Lauf er folgt, die Linie der Gleise in rhythmischem Dialog mit dem Spiel des Wassers: der Fluß Urola. Er ist für mich wichtig wegen einer kleinen Station, die ganz unerwartet nach einer scharfen Kurve der Bahnlinie auftaucht. Auf dem Schild ein einziger Name: Loyola.

In diesem Zug sitze ich, fünfzehn Jahre alt, in einem Zweiter-Klasse-Abteil; in der Gepäckablage über mir liegt ein nicht allzugroßer Koffer, darauf ein Schirm. Neben mir sitzen mein Bruder und meine Mutter. Sie hat mir gesagt: „Carlos, jedes Jahr um diese Zeit, wenn du wieder ins Internat gehst, um weiterzulernen, komme ich mit dir, um noch bei dir zu sein und dich dann deinen Lehrern anzuvertrauen. Dieses Jahr nun wirst du dein Noviziat beginnen und im Jesuitenorden dein Leben Gott weihen. Ich möchte auch diesmal mitkommen, um dich Gott darzubringen. Es ist auch mein Opfer." So begleitet sie mich wieder und sitzt jetzt im Zugabteil neben mir. Unsere Familie bestand nur aus uns dreien. Mein Vater war vor fünf Jahren gestorben; sein früher Tod und die Schwierigkeiten, die wir in der harten Zeit Spaniens nach dem Krieg durchmachen mußten, hatten uns einander sehr nahegebracht. Vielleicht näher, als ich es selbst damals wußte. Noch immer muß ich staunen, wenn ich an diese Zugfahrt zurückdenke und mir bewußt wird, welch ein Gefühl blinder Heiterkeit mich auf der ganzen Reise erfüllte. Ich nahm Abschied von meiner Mutter und meinem Bruder, vor uns eine lebenslange Trennung, die nur durch kurze gelegentliche Besuche unterbrochen werden würde – und ich war nicht traurig. Im Gegenteil, ich weiß noch, daß ich so berauscht vor Freude war, daß ich aufstand und im Zug herumsprang, bis ich mir den Kopf anstieß und mir eine Beule holte, die sehr weh tat; aber ich verwandelte auch dieses Mißgeschick in Fröhlichkeit. Nichts konnte meine Freude trüben. Ich verstehe heute, nach vielen Jahren der Erfahrung und mit mancher Kenntnis der menschlichen Natur, diese Possen als das verzweifelte Bemühen meines Unterbewußtseins, den Schmerz von mir fernzuhalten. Der Balsam auf die Wunde. Die Narkose während der Operation.

Als ich meine Mutter verließ, war ich in einem wahren Taumel, hervorgerufen durch das erhebende Gefühl, daß ich mein Leben dem Dienst Gottes weihte und daß eine solche Berufung mich dazu berechtigte, die Gefühle aller anderen zu übersehen. Gott rief mich, und nichts sollte im Weg stehen. Es dauerte Jahre, bis diese Betäubung nachließ. Dann aber war der Schmerz um so größer, den ich zunächst nicht gefühlt hatte. Der Stoß gegen meinen Kopf hat mir in späteren Jahren viel mehr weh getan als damals, als ich im Abteil der Urola-Bahn herumsprang.

Wir erreichten Loyola. Zu unserem letzten gemeinsamen Mittagessen gingen wir in ein kleines Hotel. Die Besitzerin war eine freundliche Dame, die uns mit mütterlicher Sorge betrachtete und meine Mutter geradeheraus fragte: „Sind Sie gekommen, um Ihren Sohn ins Kloster zu bringen?" Ich fragte mich, woher sie das wußte, aber offensichtlich hatte sie Erfahrung mit dieser Art von Gästen wie uns. Wenn nichts anderes, dann verriet mich mein Schirm. Junge Leute tragen keine Schirme, schon gar nicht bei schönem Wetter. Aber er gehörte zu den Dingen, die wir ins Noviziat mitbringen sollten, und schon jetzt bewährte sich mein Gehorsam. Während des Essens machte mein Bruder ein Photo von meiner Mutter und mir, auf dem, zum ewigen Kummer meiner Mutter, wegen doppelter Belichtung fast nichts zu erkennen war. Dennoch hat sie das Photo gut aufgehoben und zeigt es mir immer noch mit einem Gefühl, dessen Tiefe ich nie ganz ermessen werde, obwohl ich es jedesmal ein wenig mehr nachempfinden kann. Auf meinem Gesicht ist das verklärte und selige Lächeln, das meine Gefühle sogar vor mir selbst verbarg.

Wir gingen zum „Heiligtum", wie alle dort sagten, der mächtigen Kuppel der Basilika, die das ganze Tal beherrscht. Eine Legende berichtet, daß der hohe Berg neben dem Tal, der Izarraitz, dessen Gipfel ich als Novize so oft besteigen sollte, aus den Steinen errichtet wurde, die vom Bau der Kirche übriggeblieben waren. Wir wurden in das Zimmer – heute eine Kapelle – geführt, das zum Wendepunkt auch im Leben des Mannes geworden war, den ich von jetzt an „Vater" nennen würde. An der Wand stand die lebensgroße Holzstatue eines Ritters mit einem verwundeten Bein und einem Buch in der Hand, aus dessen nach oben gerichteten Augen Verzückung sprach. Über der Statue standen die Worte: „Hier wandte Ignatius Loyola sein Leben zu Gott". Wir knieten nieder. Nach einiger Zeit gab mir der Pater an meiner Seite ein Zeichen, aufzustehen und ihm zu folgen. Meine Mutter blieb betend zurück. Ich weiß nicht, wann sie ging. Viele Jahre später sagte sie mir, daß sie während der ganzen Heimfahrt im Zug geweint habe.

Ich war Jesuit. Durch einen unerwarteten Zufall begannen die großen, dreißigtägigen Exerzitien, die für die Novizen ein erstes grundlegendes Stadium in einem langen Formungsprozeß sind, gerade an diesem Abend, bloß ein paar Stunden nach meiner Ankunft. Ich stürzte mich froh hinein. Aus diesen dreißig Tagen kann ich mich nur an wenig erinnern, sehr genau aber an die Woge von Glück, die mich Tag für Tag überwältigte, sogar in der Abgeschiedenheit meiner Zelle. Wenn die Morgenglocke unbarmherzig um 5 Uhr morgens läutete, stand ich in meinem Bett auf, sprang ein paar mal hoch – ohne an die Decke zu stoßen – und rief laut: „Ich bin der glücklichste Mensch auf der Welt!" Heute kann ich nur staunen vor der überwältigenden Macht gläubiger Motivation und der Kraft priesterlicher Berufung, die mit Leichtigkeit die Oberhand über alles andere auf der Welt erringen können, selbst über die tiefsten Gefühle und stärksten Bedürfnisse des Menschen. Auch heute denke ich nicht ohne Ehrfurcht daran.

Ablösung von unseren Familien gehörte zu den ersten Prinzipien, die uns eingeschärft wurden. Nur vier Briefe im Jahr: zu Weihnachten, Ostern und den Geburtstagen der Eltern. Und diese Briefe mußten offen dem Novizenmeister übergeben werden, der sie genau las und uns streng kommentierte, was wir geschrieben hatten. Ich denke, diese Kommentare sollten uns vor allem deutlich machen, daß er unsere Briefe gelesen hatte. Das wirkte wie ein Dämpfer auf unsere Gefühle, und so wurden diese Briefe statt eines Ausdrucks unserer Zuneigung zu kleinen Predigten, die das Leben unseren Angehörigen zu Hause verbessern, oder vielleicht eher den Zensor, der sie mit Sicherheit lesen würde, günstig beeindrucken sollten. Die Hauptsorge eines Novizen besteht darin, seinen Novizenmeister zu erfreuen, von dessen Wohlwollen seine Zukunft abhängt, und dementsprechend waren unsere Briefe mehr dafür geschrieben, ihn zufriedenzustellen, als unsere Liebe zu den Eltern zum Ausdruck zu bringen. Jeder entsprechende Gefühlsausdruck wurde mißbilligt, und eine gewisse äußere Kühle gegenüber der eigenen Familie galt als eindeutiges Zeichen geistlichen Fortschritts. Die Regel Nummer acht zitierte in ungemilderter Übersetzung das harte Jesuswort im Lukas-Evangelium: „Wenn jemand zu mir kommt und nicht Vater und Mutter gering achtet, dann kann er nicht mein Jünger sein" (Lk 14,26), und folgerte daraus, daß für einen Jesuiten Jesus „Vater und Mutter und alles andere sein solle".

Familienbande wurden nicht ganz zerrissen, aber doch gewiß geschwächt in dieser Atmosphäre völligen Verzichts. Als meine Mutter mich im darauffolgenden Jahr besuchen kam, sah sie mich zum erstenmal in der Soutane, und nachdem sie in den genau festgelegten Stunden am Morgen und am Abend mit mir zusammengewesen war, wollte sie noch einen Tag länger bleiben, um mich noch einmal zu treffen. Doch der Novizenmeister ließ sie wissen, sie könne mich am nächsten Tag nicht mehr sehen. Ganz vorsichtig erwähnte meine Mutter, daß sie von weit her gekommen sei, und daß es ein ganzes Jahr dauern werde, bis sie wiederkommen könne. Ob er denn nicht einen Tag länger gestatten wolle? Der Novizenmeister verweigerte die Erlaubnis, und so mußte sie am nächsten Tag abreisen, ohne mich wiedergesehen zu haben. Als guter Novize war ich mit dieser Entscheidung des Novizenmeisters einverstanden.

Eine andere, ebenso liebe wie bittere Erinnerung. Ich war bereits „Scholastiker" und studierte Philosophie in der wilden Einsamkeit einer mächtigen Abtei, die ein Benediktinerkloster gewesen war, bevor die Jesuiten sie erwarben, und eine Heilanstalt wurde, nachdem sie sie verkauften. Meine Mutter und mein Bruder besuchten mich auch dort. Meine Mutter hatte ein Paket mitgebracht, und nach der anfänglichen Begrüßung in einer gemischten Stimmung aus unterdrückter Zuneigung und scheuer Vertrautheit öffnete sie es. Es war ein Kuchen, den sie selbst gebakken hatte, da ich ihn als Junge immer besonders mochte. Sie packte ihn aus und sah mich liebevoll an. Dabei sagte sie nichts – ganz in Erwartung meiner Freude. Stattdessen aber – unerklärlich und wiederum auch ganz natürlich – war Zorn meine erste Reaktion. Heiliger Zorn. Wie konnte sie es wagen, etwas zu essen mit ins Besucherzimmer zu bringen! Das war streng verboten. Außerdem – dachte sie etwa, ich sei noch ein Kind und hinge an solch einer verächtlichen Versuchung wie einem Stück Kuchen? Wofür hielt sie mich? Ich brachte es fertig, zu schimpfen, warum sie den Kuchen mitgebracht habe, und bat sie, ihn wieder mitzunehmen. Meine Mutter bot ein Bild des Jammers und der Ratlosigkeit mit dem Kuchen auf ihrem Schoß und einem ungläubigen Staunen im Gesicht über das, was ihre Ohren hörten. Ihr Herz wollte nicht glauben, daß ich den Kuchen nicht essen würde. Bei all meinem Stolz und meiner Selbstgerechtigkeit rührte mich doch ihr Anblick, und ich gab nach. Ich aß den Kuchen. Ich aß ihn hilflos und voller Verwirrung meiner Gefühle. Der Kuchen schmeckte mir, ich fühlte mich schuldig, daß ich ihn aß, ich fürchtete, jemand könne mich sehen, ich war böse auf mich, daß ich nachgegeben hatte, ich wußte, daß ich gegen eine Regel verstieß – und doch, irgendwie fühlte ich auch, daß ich das Richtige getan hatte und nichts anderes hätte tun können. Die Verwirrung meiner Gefühle bewies die Peinlichkeit der Situation, das widernatürliche Bestreben, das stärkste Band auf Erden zu lösen, die engste Bindung im Leben zu lokkern.

Diese kurzen Besuche ein oder zweimal im Jahr erneuerten die Liebe, die wir drei füreinander empfanden, und verdeutlichten zugleich die wachsende Entfernung zwischen uns. Je länger die Zeit zwischen den Besuchen war, desto weniger Gesprächsstoff bot sich uns. Gespannt freute ich mich auf jeden Besuch, währenddessen ich mich glücklich und enttäuscht, zurückhaltend und ungeduldig fühlte und tieftraurig hinterher; dann beschuldigte ich mich, daß ich mich nicht liebevoller und offener ihnen gegenüber gezeigt hatte, wie ich es doch eigentlich war. Ich nahm mir fest vor, das nächste Mal liebevoller zu sein – nur um beim nächsten Besuch wieder so seltsam abzukühlen. Und damals gab es niemand, der mir meine Gefühle erklärt hätte.

Ich bin mir durchaus darüber im klaren, aus welchen Motiven ich diese Erinnerungen hier niederschreibe. Es liegt mir fern, irgend jemanden anzuklagen, auch nicht mich selbst, oder ein Urteil zu fällen über irgendeine bestimmte Ideologie oder Mentalität oder Lebensweise, die einmal die meine war. Die strenge Disziplin, die die frühen Jahre meines Lebens kennzeichnete, ist ein Teil von mir, auch wenn ich ihr entwachsen bin, und was ich jetzt bin, verdanke ich weitgehend ihr. Ich liebe meine Vergangenheit, weil ich meine Gegenwart liebe. Ich schreibe diese Erinnerungen hier nieder, um deutlich zu machen, wie ich einen Teil von mir in einem überaus wichtigen und grundlegenden Punkt verlor, und wie ich diesen verlorenen Teil wiederfand. In solchen Vorgängen des Verlierens und Findens, des Verwerfens und Sich-wieder-Aneignens formt sich die Persönlichkeit; in diesem wichtigen Fall habe ich das deutlich erlebt. So sehr hatte ich mich selbst als Teil meiner Familie verloren, ich kannte ihre täglichen Sorgen und innersten Freuden nicht mehr, ich schränkte meine Pflichten auf das allgemeine Gebet für sie ein, beruhigt in dem überlieferten Glauben, daß Gott eine Familie segnet, die einen Sohn in seinem Dienst hat. Ich entbehrte den Schmerz und die Freude, Tag für Tag in einer liebevollen Familie aufzuwachsen, ich wurde zurückhaltend und stand abseits.

Als ich mich viele Jahre später als meiner Familie zugehörig wiederentdeckte, als ich meine Liebe für meine Angehörigen in mir wieder ganz aufblühen ließ und mich selbst wieder mit allem Recht als Sohn und Bruder sah, war mir, als wäre ein Glied meines Körpers, das abgestorben war, wieder lebendig geworden. Es ist dieser Vorgang, den ich hier beleuchten möchte, und deshalb führe ich diese Erinnerungen an. Auch bin ich mir noch einer anderen Wirkung bewußt, die das Schreiben dieser Erinnerungen auf mich hat: ihrer Kraft zu heilen. Indem ich mir Ereignisse der Vergangenheit wieder bewußt mache, die in mir eine Narbe hinterlassen haben, indem ich ohne Schmerz und ohne Bedauern an Geschehnisse zurückdenke, die meine Vergangenheit verdunkelt haben, fließt sie mir zu. Die Erinnerung heilt, wenn sie einfach und offen zur Sprache gebracht wird. Schreiben ist Therapie. Mit Liebe zurückdenken, heißt Wunden zu schließen. Dies gilt besonders für die folgende Erinnerung, vielleicht die brennendste meines ganzen Lebens.

Ich stand vor dem Abschluß meines Philosophiestudiums. Der Ordensprovinzial sollte kommen und uns die Aufgaben übertragen, die unsere Zukunft bestimmen würden. Später erzählte er mir, daß er daran gedacht habe, mich Bibelwissenschaft studieren zu lassen als Vorbereitung für die verantwortungsvolle Aufgabe, junge Jesuiten zu lehren und zu leiten, oder vielleicht auch Rechtswissenschaft und mich mit einem Doktorat an unsere Juristische Hochschule zu senden. Er war sich noch nicht ganz sicher. Doch bevor er mir Näheres sagen konnte, trat etwas anderes ein. Ein Mitbruder, mit dem ich sehr gut befreundet war, überredete mich, mich um die Entsendung in die Missionen in Übersee zu bewerben. In meinem ganzen Leben hatte ich mich nie sonderlich um die Mission gekümmert, aber ich verstand, was mein Freund meinte – wenn auch nur, weil ich ihn gern mochte und ihm gerne zuhörte.

Ich hatte die ‚Welt‘ verlassen, um Gott zu dienen. Aber nun stahl sich die ‚Welt‘ wieder durch die Hintertür in mein Leben hinein, in der Form des Erfolges, den ich als Jesuit bei meinen Studien hatte, wie auch in der Achtung und dem Respekt der Vorgesetzten und Mitstudenten vor meinem Erfolg. Wenn ich alles aufgegeben hatte, um Jesus zu lieben, mußte ich auch diese neue ‚Welt' aufgeben. So wie ich mein Zuhause und meine Familie verlassen hatte, mußte ich jetzt auch mein Land verlassen, um das Opfer vollkommen zu machen, und an einen Ort gehen, wo niemand mich kennen würde, wo eine neue Sprache meine Talente verbergen und wo ich ein verborgenes Leben in Dienst und Hingabe führen würde, unbekannt und ungeschätzt. Dieser weitere Verzicht würde mich Gott näher bringen, und das war das Ziel meines Lebens. Mit jugendlichem Großmut sah ich das ein. Ich schrieb an den Provinzial, der mir postwendend antwortete und mich nach Indien versetzte.

In einem Brief teilte ich meiner Mutter diese Nachricht mit. In die Mission gehen hieß damals, nie mehr zurückzukommen und Abschied für immer zu nehmen. Das Lied, das wir bei jeder Verabschiedung einer neuen Gruppe von Missionaren sangen, gedachte in herzzerreißenden Kehrreimen des letzten Blickes auf das Heimatland, die Freunde und die Mutter. Mir all dessen bewußt, schrieb ich ihr und ich setzte voraus, daß der Abschied hart für sie werden würde. Gewiß hatten wir uns in den letzten Jahren nicht oft gesehen, aber wir wußten, daß wir nicht weit voneinander entfernt waren; jetzt aber würde die Entfernung unüberwindlich und die Trennung vollkommen sein. Trotzdem schrieb ich ihr einen ziemlich förmlichen Brief, in dem ich ihr sagte, sie müsse stolz darauf sein, zur Mutter eines Missionars erwählt zu werden; und geschickt fügte ich hinzu, so wie Jesus vor seinem letzten Abschied seine Mutter seinem liebsten Jünger anvertraut hätte, so vertraue ich meinerseits sie nun Jesus an, der viel besser für sie sorgen würde als ich es je tun könnte. Ich war damals sehr stolz auf diesen Brief. Heute wünschte ich, er hätte nur eine Zeile des Ausdrucks von aufrichtiger Liebe enthalten, offen von ihrem wie auch von meinem Schmerz gesprochen. Doch damals stand ich noch unter dem Einfluß des Strebens nach Loslösung, einer Forderung der Spiritualität, wie sie uns gelehrt wurde. Wie schon früher, als ich zum erstenmal von zu Hause fortging, hatte auch diesmal wieder die religiöse Begeisterung meine Gefühle abgetötet. Heute sage ich mir, ich hätte doch wenigstens weinen können, als ich von meiner Mutter Abschied nahm.

Und dann trat das ein, was mir bis heute als das qualvollste Ereignis meines Lebens in Erinnerung geblieben ist. Ich sollte nach Madrid fahren, um von dort aus mit zweiundzwanzig anderen Jesuiten, die in diesem Jahr als Missionare entsandt wurden, mit dem Flugzeug nach Indien fliegen. Meine Mutter und mein Bruder wohnten in Madrid. Während meines Aufenthaltes in einem Haus der Jesuiten sollte ich beide dort treffen, bevor ich am nächsten Tag abreiste. Wir hatten also nur wenig Zeit, und um das Beste daraus zu machen, hatte meine Mutter mir geschrieben, daß sie und mein Bruder mich schon bei meiner Ankunft am Bahnhof abholen würden. Da tat ich etwas vollkommen Unsinniges. Ich schrieb ihnen, daß ich gleich in das Haus der Jesuiten gehen würde und sie mich dort treffen sollten. Dabei nahm ich aber an, daß sie diesem Wunsch nicht folgen und trotzdem an den Zug kommen würden und beschloß, ihnen eine Lehre zu erteilen. Kaum hatte der Zug gehalten, stieg ich aus, ging gleich zum Ausgang und sprang in ein Taxi. Ich fuhr dann direkt zum Haus der Jesuiten und wartete dort.

Das Schlimmste war eingetreten. Meine Mutter und mein Bruder waren beide rechtzeitig zum Bahnhof gekommen, gingen auf dem Bahnsteig auf und ab und warteten auf mich. Als sie mich in dem langen Zug nicht fanden, suchten sie nach mir, bis der letzte Reisende gegangen war und warteten dann noch einen späteren Zug ab, für den Fall, daß ich den ersten nicht erreicht haben sollte. Müde und enttäuscht kamen sie schließlich zwei Stunden später in das Haus der Jesuiten. Sie hatten mich so früh wie möglich treffen wollen, weil mein Bruder am nächsten Morgen zum Militärdienst einrücken mußte und nicht mehr zum Flugplatz kommen konnte, um mir mit der Mutter zusammen Lebewohl zu sagen. Das sagten sie mir mit sanftem Vorwurf. Aber der liebevolle Tadel meiner Mutter war umsonst. Ich war ganz sicher, das Richtige getan zu haben und war sogar stolz darauf. Einige Zeit saß ich mit ihnen zusammen und brachte sie dann zur Tür. Es regnete heftig. Das letzte Bild, das mir noch vor Augen steht, ist, wie mein Bruder vergeblich versuchte, bei strömendem Regen ein Taxi zu bekommen. Schließlich mußten beide zu Fuß gehen. Meine Mutter kam am nächsten Tag allein zum Flugplatz, und meinen Bruder sah ich nach diesem Abschied im Regen viele Jahre nicht mehr. In der Eile und der Aufregung hatten wir uns nicht einmal „Lebewohl" gesagt.

Heute kann ich nicht verstehen, wie ich mich so

verhalten konnte, und noch weniger, wieso ich nicht die geringsten Gewissensbisse verspürte; damals nicht und noch viele Jahre später nicht. Ich war wie betäubt, wie betrunken, gefühllos und meiner Sinne beraubt. Dabei fühlte ich mich sehr heilig. Und doch – seltsam geheimnisvoll und unentrinnbar –, tief in meinem Unterbewußtsein, unter diesen Schichten von Frömmigkeit und Strenge, die mein Verhalten bestimmten, empfand ich Trauer und Schmerz. Eine Wunde war geöffnet worden. Viele Jahre später dann, als ich mich mit fortschreitenden Jahren und in Freiheit besser kennengelernt hatte, als ich vermochte, meine Motive freizulegen, meine Verhaltensweisen zu analysieren und meine Entschuldigungen zu entlarven, da schoß die Erinnerung an diesen schicksalhaften Tag wie ein brennender Pfeil durch die Tiefen meiner Seele; mit erbarmungsloser Erinnerung folterte er das hilflose Herz, das inzwischen wieder die Feinfühligkeit zurückgewonnen hatte, die es immer hätte haben sollen.

Die Bahnhofsstation. Der Regen. Das nichtgesagte Lebewohl. Die Trauer über die nicht gefühlte Trauer. Der Schmerz, Schmerz zugefügt zu haben. Wenn ich mir heute die Fotos vom Abschied am Flugplatz am nächsten Tag anschaue, die meine Mutter aufbewahrt hat, und ihr Gesicht darauf sehe, dann bin ich erschüttert von ihrem angespannten Ausdruck, ihrem gezwungenen Lächeln, der Schönheit ihres Gesichtes, das von stummer Qual gezeichnet ist, die nur sie allein verstehen konnte. All das aber entging mir an jenem Tag. Ich sah ihr Gesicht, doch ich übersah ihre Gefühle. Unsere Blicke trafen sich, aber ich überhörte, was aus ihren Augen sprach. Nur diese Fotografien haben das stumme Zeugnis ihres inneren Schmerzes für mich bewahrt. Ich übertreibe nicht, wenn ich sage, daß für viele Jahre jener wesentliche Teil von mir, in dem ich der Sohn meiner Mutter und der Bruder meines Bruders bin, meiner bewußten Erfahrung und meiner Gefühlswahrnehmung beinahe völlig verlorengegangen war.

Mit dieser Erfahrung stehe ich keineswegs allein. Während vieler Jahre haben sich mir viele Jesuiten anvertraut, und immer wieder kam das Thema der unbefriedigenden Beziehung zu den eigenen Eltern – Abschiedstraumata, widerstreitende Gefühle, die Schwierigkeit, sich als Jesuiten wieder in ihre Familien einzufügen, Absonderung, Abwesenheit und Besuche, Zärtlichkeit und Groll und das dauernde Irritiertsein von Dazugehörigkeit und Abgetrenntsein. Ein Mitbruder erzählte mir, daß er, obwohl seine Eltern seine Berufung gesegnet hätten, sich heimlich ins Noviziat davongestohlen, und sein Zuhause nachts ohne ein Wort an irgendjemanden verlassen habe, um sein neues Leben auf heroische Art zu beginnen und seine Unabhängigkeit von Anfang an zu beweisen. Und er fügte hinzu, er könne sich in seinem ganzen Leben nicht verzeihen, daß er das getan habe und der Schuldkomplex, der in ihm durch dieses unüberlegte Vorgehen entstanden sei, mache es ihm unmöglich, für den Rest seines Lebens mit seinen Eltern auf normale und gesunde Weise umzugehen. Ein anderer strafte seine Eltern, indem er ihnen jahrelang nicht schrieb. Noch ein anderer weigerte sich, bei seinen Eltern zu wohnen, als er zur Feier seiner Primizmesse in seine Geburtsstadt zurückkehrte. Mißverständnisse, Entfremdungen, Zurückhalten der Gefühle, vorübergehender Streit und dauernde Zweifel ohne Ende. Die Geschichte berichtet, daß die Beziehung des heiligen Franz von Assisi zu seinem Vater nach einem Rechtsstreit für immer zerbrach – der Sohn gab dem Vater sogar die Kleider zurück, die er auf dem Leibe trug. Als er schon berühmt und von allen gepriesen war, nannte er sich, wenn er sich selbst schmähen wollte, um dem öffentlichen Lob entgegenzuwirken, als größte Beschimpfung mit lauter und beleidigender Stimme „Sohn von Pietro Bernardone". Der Heilige, der mit der Sonne und mit den Vögeln sprechen konnte, vermochte nicht, mit seinem eigenen Vater zu sprechen. Das Problem und die Schwierigkeiten waren schon immer da. Meine Besonderheiten betreffen mich ebenso wie die Intensität, mit der ich diese Situation erlebt habe, doch die Erfahrung als solche ist allgemein. Indem ich über mein Leben spreche, spreche ich auch über das aller anderen. Wir müssen unsere Eltern wiederentdecken.

Als mir dies bewußt wurde, wachte ich schnell auf. Da war ich schon ein erwachsener Jesuit, erfolgreich in meiner Arbeit, sicher in meinem Beruf, bereit, mich neuen Situationen zu stellen, und frei, auf sie zu reagieren. Ich war zu einem Mathematikkongreß in Moskau eingeladen, und da ich nun schon in Europa war, fuhr ich nach Madrid und besuchte meine Mutter und meinen Bruder. Zum ersten Mal seit siebzehn Jahren war ich wieder in Spanien, seit fünfundzwanzig Jahren zum ersten Mal wieder im Haus meiner Mutter. Eine Lücke von fünfundzwanzig Jahren ist nicht leicht auszufüllen. Die ersten Kontakte waren zögernd, prüfend und ungeschickt, zwischen unterdrückter Zuneigung, die durchbrechen wollte, und dem Widerstreben, das sie zurückhielt. Die Anfänge fielen nicht leicht, aber ein Anfang war gemacht. Bald bekam ich fast jedes Jahr neue Einladungen zu Mathematikertagungen, auch zu Vortragsreisen für Gruppen von Indern im Ausland. Ich nahm Einladungen an nach Afrika, Südamerika, England, Canada und den USA. Und jedesmal, wenn ich eine Auslandsreise unternahm, lag mir daran, nach Hause zu gehen und meine Mutter zu besuchen.

Allmählich baute ich eine neue Beziehung zu ihr auf. Ich lernte, mich mit ihr zu unterhalten, bei ihr zu sitzen, ihr von meinem Leben zu berichten und ihr zuzuhören, wenn sie mir etwas von mir selbst und von sich erzählte, was ich nie gewußt hatte, aus meiner Kindheit und unseren ersten Jahren zusammen. Ich lernte, über alles mit ihr zu sprechen, lange Zeit mir ihr zusammenzusein, mit ihr zu beten und täglich die heilige Messe für sie zu feiern. Ich las ihr ganze Kapitel aus meinen Büchern in Gujarati vor, die ich beim Lesen übersetzte. Ich zeigte ihr Briefe von Lesern und Bewunderern, die mir auftrugen, ihr zu danken, daß sie mich Indien gegeben hat. Ich erzählte ihr von meinen Freunden in Indien und sie schrieb ihnen sogar, wenn ich schrieb, lernte sie alle kennen und mit mir lieben. Ich half ihr in jeder Weise bei den Wünschen, die ihr Alter mit sich brachte, vor allem durch meine Gegenwart. Der Hausarzt, der sie regelmäßig besuchte, sagte ihr nach einer allgemeinen Untersuchung, als ich gerade bei ihr war: „Sie haben jetzt eine Medizin, die besser ist als alles, was ich verschreiben kann." Und als wir wieder einmal zusammensaßen und uns unterhielten, sagte meine Mutter ganz spontan: „Gott segne dich, mein Sohn. Du machst mich jetzt so glücklich." Indem ich sie glücklich machte, hatte auch ich neues Glück gefunden.

Ich erwähnte bereits, daß mein Vater starb, als ich noch ein Kind war. Mit ihm gab es diesen Prozeß des Verlierens und Findens nicht, höchstens auf eine ganz andere Weise. Erst jetzt, soviel später, wird mir der prägende Einfluß deutlich, den er auf mich ausübte, obwohl ich ihn so früh verlor. Die Gewohnheit, ausdauernd zu arbeiten, nach dem immer Besseren zu streben und die Abneigung gegen jede Art von Heuchelei und Falschheit habe ich eindeutig von ihm geerbt. Mit meinem Bruder wiederum durchlebte ich die Erfahrung des Verlierens und Findens sehr intensiv. Er ist nur zwei Jahre älter als ich, wir haben keine anderen Geschwister und standen einander sehr nahe bis zu dem Tag, als ich in den Jesuitenorden eintrat. Dann wuchsen wir getrennt auf, jeder in seiner eigenen Sphäre, mit seinen Leistungen und Erfolgen. Parallel, aber Welten auseinander. Dann ging ich nach Indien – ein weiter Abstand des Raums, der Vorstellungen und der Erfahrungen. Wir tauschten in regelmäßigen Briefen Neuigkeiten und Grüße aus, aber diese Briefe waren immer unbefriedigend. Jeder Brief bezeugte den Wunsch, einander näherzukommen und zusammenzuwachsen – und unsere Hilflosigkeit, weil das unmöglich war. Jahre vergingen, und der Abstand wurde größer. Dann kam der erste Besuch, an den ich mich noch sehr genau erinnere.

Ich stehe auf der Besucherterrasse des Flughafens von Bombay. Das Flugzeug aus Europa ist gerade gelandet und rollt langsam an seinen Platz vor der Flughalle. Genau an der Grenzlinie steht der riesige Flugkörper still. Der Motorenlärm ebbt ab, Leitern werden herangeschoben, die Türen öffnen sich. Mein Herz schlägt schnell, und es schlägt auch jetzt wiederum schneller, wenn ich dies fünfundzwanzig Jahre später schreibe. Die Passagiere kommen einer nach dem anderen aus dem Rumpf des Flugzeugs. Ich schaue konzentriert, das ganze Herz in meinen Augen. Eine schmale Gestalt steht einen Augenblick lang im Rahmen der offenen Tür. Ich habe ihn jahrelang nicht gesehen, aber das Blut steigt mir ins Gesicht. Er hebt die Hand, er hat mich gesehen. Ich weine. Es ist mein Bruder. Jahre später, als wir uns gemeinsam an diesen Tag erinnerten, sagte er mir, daß auch er in diesem Moment geweint habe. Aber wir brauchten Jahre, bis wir diese Erinnerung austauschen konnten.

Unser Zusammentreffen war überaus glücklich, doch zugleich waren wir beide verlegen. Die lange Trennung hatte uns fast zu Fremden werden lassen, aber insgeheim unsere Liebe füreinander verstärkt. Unsere Herzen schlugen gleich, während unsere Gedanken auseinanderstrebten. Wir hatten dieselben Gefühle, aber wir teilten nicht mehr denselben Bezugsrahmen. Wir tasteten, bemühten uns, waren verschiedener Meinung, drängten zueinander. Dann begannen wir mit der schwierigen Aufgabe, eine neue Beziehung auf den Trümmern der alten aufzubauen. Wir brauchten mehrere Jahre und wiederholte Begegnungen dazu, und während wir einander näherkamen, machten wir die subtile Erfahrung zweier starker Persönlichkeiten, die sich aneinander rieben, bis sie zueinander paßten.

Auf einer meiner Reisen geschah dann etwas, was meine Augen öffnete, die Dämme durchbrach und mich in ihm mein eigenes Blut erkennen ließ. Nach einer Reise ins Ausland und einem Aufenthalt zu Hause fuhr ich nach Indien zurück. Mein Bruder und ich saßen allein auf dem Rücksitz des Taxis, das mich zum Flugplatz brachte. In dieser gar nicht so passenden Umgebung begann er, mir zu sagen, wieviel ihm mein Besuch bedeutet habe und welche Freude ihm das gute Verhältnis mache, zu dem wir nun im Laufe der Jahre gefunden hatten, und daß er sich wünsche, daß es so bleiben möge. Und ganz spontan und völlig überraschend, fast nebenbei, sagte er mir etwas, das ich nicht gewußt hatte und das, als ich es hörte, mich tief berührte und plötzlich die ganze innere Nähe, die über die Jahre hin in mir gewachsen war, ans Licht brachte. Er sagte: „Ich habe es dir in all den Jahren nie gesagt, und vielleicht weißt du es nicht, aber als du uns verließest, um ins Noviziat einzutreten, war dein Weggehen für mich ein schwerer Schlag, von dem ich mich nie ganz erholt habe. Du warst mehr als ein Bruder für mich, und daß ich dich verlor, war das Schlimmste, was ich mir vorstellen konnte. Ich verstand deine Berufung, dein Weggehen, deine Begeisterung nicht. Ich verstand überhaupt nichts. Ich war den Jesuiten geradezu böse, daß sie dich mir genommen hatten, so wie später Indien, das dich mir noch weiter entfernte. Ich fand mich nie damit ab, dich verloren zu haben, und jetzt, da ich sehe, daß du zu uns und zu mir zurückkehrst, freue ich mich von Herzen darüber und möchte mit dir wieder ein gemeinsames Leben aufbauen, jeder dem anderen so nahe, wie wir immer hätten sein sollen."

Wie glücklich war ich, das zu hören. Die ganze Zeit hatte er mich mehr geliebt, als ich ahnen konnte. Immer habe ich die Liebe, die mir entgegengebracht wird, mit aller Kraft meines Herzens zu erwidern versucht, und von diesem Augenblick an wußte ich, daß ich den besonderen Platz zurückgewonnen hatte, den ich im Leben meines Bruders besaß. Ein eigenartiges Spiel der Natur symbolisiert und unterstreicht für mich auch äußerlich dieses Zusammentreffen unserer Lebenswege nach den langen Jahren des Auseinanderstrebens und läßt mich über die besonderen Weisen nachdenken, auf die der Körper die Seele zum Ausdruck bringt – es mag aber auch sein, daß die Seele dem Körper folgt. In unserer Kindheit und Jugend sahen wir zwei uns nicht sehr ähnlich, wie viele Fotos von damals zeigen, und niemand, der uns kannte, hätte uns für Brüder gehalten. In späteren Jahren jedoch sahen wir uns mehr gleich, und heute ist die Ähnlichkeit so deutlich, daß wir gelegentlich für Zwillinge gehalten werden. Trotz aller Entfernung, Zeit, Entfremdung und trotz aller Unterschiede hat ein verborgener Prozeß unabweislich die Verwandtschaft hervortreten lassen, die unsichtbar von Anfang an vorhanden war. Das Blut gibt sich am Ende zu erkennen.

Während einer meiner Reisen gingen einmal wir drei, Mutter, Bruder und ich, am Abend durch die leeren Straßen eines kleinen Dorfes im Norden Spaniens, dessen Name, Sos del Rey Catolico, auf den Geburtsort König Ferdinands, dem Gemahl Isabellas, hinweist; die beiden waren die königlichen Schutzherren von Christoph Columbus für seine Reise über den Atlantik in eine neue Welt. Die Straßen waren steil und gut gepflastert mit glänzenden Kieselsteinen, und während wir dahinspazierten, hielten mein Bruder und ich meine Mutter auf beiden Seiten vorsichtig am Arm, um sie zu stützen. Sie ist klein und zart von Gestalt, während mein Bruder und ich groß sind, wie unser Vater es war. Wir kannten niemanden in dem Dorf und machten dort nur auf einer Reise in den Norden halt. Wir begegneten keinem Menschen, bis wir eine lange Straße erreichten, wo eine ganz in Schwarz gekleidete Frau uns entgegenkam. Sie ging offensichtlich in die Kirche, die wir gerade verlassen hatten. Die Frau kam auf uns zu, sah uns an, erriet, in welcher Beziehung wir zueinander standen und blieb einen Augenblick stehen. Mit der spontanen Unbekümmertheit der Menschen vom Land, die keine förmliche Vorstellung brauchen, wandte sie sich an meine Mutter und sagte laut: „Das ist eine gute Gesellschaft für eine alte Dame, die Gott Ihnen da gegeben hat. Gott segne Sie alle drei." In unserer Überraschung und Dankbarkeit konnten wir ihr Lächeln nur wortlos erwidern. Ich spürte, wie sich die Hand meiner Mutter fester um meine schloß.

Noch eine letzte Bemerkung, um dieses wichtige Thema abzuschließen. Der Prozeß des Verlierens und Wiederfindens der Eltern ist keine Erfahrung, die uns Priestern und Ordensleuten vorbehalten ist. Alle, Männer und Frauen, die heiraten, ihr Zuhause verlassen und ein eigenes Heim gründen, kommen früher oder später in die Situation, eine neue Beziehung zu ihren Eltern aufbauen zu müssen, ihre Vergangenheit mit ihnen neu zu bedenken und deren Platz in ihrem Leben neu zu bestimmen. Wir alle müssen unsere Eltern neu entdecken, oder besser, uns selbst als Kinder unserer Eltern neu sehen lernen. Es ist eine schmerzliche Tatsache, daß wir unsere Eltern erst verlieren müssen, um sie wiederzufinden. Durch geistliche Berufung oder Heirat, durch Streit, durch Aufbegehren oder durch Abwesenheit müssen wir alle zuerst einmal diesen lebendigsten Kontakt unseres Lebens verlieren, unsere naturgegebene heilige Mutterbindung, um sie dann wiederzufinden in glücklicher Erfüllung unseres unabhängigen Seins. Für mich war dies eines der gesegnetsten Ereignisse meines Lebens, als ich mich selbst wiederentdeckte als den Sohn meiner Mutter.

Als ich dieses Kapitel niedergeschrieben hatte, ging ich zu meiner Mutter (bei der ich damals gerade wohnte), setzte mich zu ihr und las es ihr vor. Sie strickte dabei, aber nach einigen Sätzen legte sie ihr Strickzeug beiseite und hörte aufmerksam zu. Als ich fertig war, zog sie mich still an sich.

5 *Ich bin ein ‚Vaishnav'*

Jemand hat den Ausspruch Ortega y Gassets, den ich schon einmal anführte, „ich bin ich und meine Situation" parodiert, indem er ihn auf unsere heutige Lage übertrug: „Ich bin ich und mein Paß." Ein Stück Papier, ohne das ich offiziell nicht existiere. Das Dokument, das mich identifiziert, das es mir erlaubt, zu reisen, das mir ermöglicht zu beweisen, daß ich ich bin. Ich weiß noch gut, wie beunruhigt ich war, als mir bei meiner Ankunft in Moskau an der Rezeption mein Paß abgenommen wurde, damit meine Daten ins Gästebuch des Hotels eingetragen werden konnten, und wie er mir trotz allen Protestes erst nach zehn Tagen bei meiner Abreise wiedergegeben wurde. Ohne Paß in einem fremden Land fühlte ich mich verloren. Ich erinnere mich auch, wie erleichtert ich war, als ich feststellte, daß der Dieb, der in mein Zimmer in einem Jesuitenhaus in Rom eingebrochen war und meinen Koffer mit allem Geld und allen Sachen mitgenommen hatte, vorher überlegt meinen Paß herausgenommen und auffällig auf den Tisch gelegt hatte, ganz in der professionellen Art eines „verantwortungsbewußten" Diebes. Der Paß ist wichtig.

Und trotzdem ist ein Paß nicht mehr als das – ein Stück Papier. Nationalität ist ein künstlicher Begriff. Die Grenzen zwischen den Nationen sind zufällig, oft willkürlich gezogen und sind veränderlich. Wurde jemand z. B. vor 1947 in Dacca geboren, so war er offiziell zuerst ein englischer Untertan, im Herzen aber indischer Patriot, dann einige Jahre lang Pakistani und heute ist er ein Bürger von Bangladesh; das macht vier Nationalitäten während eines Lebens – ein bißchen zuviel, um noch ernst genommen zu werden. Ältere Länder sind um nichts besser dran. Blättert man in der Geschichte ein wenig zurück, war jedes Land irgendwann einmal ein anderes Land – und irgendwann überhaupt kein Land. Und nun werden die Bürger dieses Landes aufgerufen, aufzustehen und mit ihrem Blut zu verteidigen, was ursprünglich gar nicht da war. Die Nation ist ein praktisches Verwaltungskonzept, das zu etwas umgekehrt wurde, wofür man sterben muß, besser gesagt, wofür man andere zu töten hat. Der Patriotismus hat zu viel Überheblichkeit, zu viel Haß hervorgebracht und zuviel Blut gekostet, um noch als Tugend zu gelten.

Der Patriotismus stiftet auch unsagbare Verwirrung in den Menschen (und ihre Zahl ist in unserer Zeit groß geworden), die aus einem bestimmten Grund, aus eigener Wahl oder gegen ihren Willen, ihr Leben in einem anderen Land verbringen als dem, in dem sie geboren sind. Der Wanderarbeiter, der Flüchtling, der Vertriebene, der ausländische Arbeitnehmer, der Student, der Studium und Anstellung in einem reicheren Land sucht, der Geschäftsmann, der sich im Ausland niedergelassen hat, der Mann oder die Frau, die einen Lebenspartner mit anderer Nationalität heiraten und, wie in meinem Fall, der Missionar: Sie alle haben zwei Länder in einem Leben, zwei Fahnen, zwei Sprachen, zwei Kulturen. Und für jeden folgt daraus ein Konflikt der Gefühle, der Zugehörigkeit und der Haltungen, aus dem Zweifel, Verwirrung und Schuld, schließlich Identitätskrisen und Spaltung der Persönlichkeit entstehen können. Noch einmal: Wer bin ich? Bin ich Spanier oder Inder? Pakistani oder Engländer? Kenianer oder Kanadier? Folge ich meinem Blut oder meinen Paß? Verteidige ich das Land meiner Herkunft oder das Land meiner Wahl? Wenn z. B. Indien und Spanien einander in einem internationalen Hokkeyturnier gegenüberstehen, auf wessen Seite stehe ich dann? Bin ich in der Lage, eine Situation, die mir die Vorteile von zwei Welten bietet, zu nutzen, oder verliere ich mich nicht vielmehr in der Mischung, durcheinandergebracht durch den Wechsel, zerrissen in der Wahl? Und bin ich gar am Ende weder hier noch da, fern von dem Land, das mich annehmen würde und ein Störenfried in einem anderen, das nie ganz meines wird?

Vor nicht allzu langer Zeit wurde in Indien viel über den Fall Hanif Kureishi gesprochen. Ich glaube, er erregte soviel Aufsehen, weil er für viele ähnliche Fälle typisch war und weil er unerschrocken zum Ausdruck brachte, was viele fühlten, ohne dafür Worte zu finden. Hanif Kureishi wurde als Sohn einer englischen Mutter und eines pakistanischen Vaters in London geboren, wuchs auf in einer rein englischen Umgebung, wo ihm verboten wurde, Urdu zu lernen, die Sprache, die doch seine einzige Verbindung zu Pakistan gewesen wäre. Er wurde schließlich ein bekannter Dramatiker in englischer Sprache. Als er bereits berühmt war, kam er nach Pakistan und wurde hier als heimgekehrter Sohn begrüßt. Dort sagte er im Gespräch mit Freunden und Verwandten eines Tages etwas unvorsichtig: „Ich bin Engländer, wißt ihr." Diese Aussage wurde in den Zeitungen veröffentlicht, und, wie er sagt, lachte das ganze Land gutmütig darüber. Für sie war er ein Pakistaner, mehr gab es dazu nicht zu sagen, und er selbst mußte zugeben, daß er sich in Karachi ganz zu Hause fühlte, so wie sonst nur in London. Hanif Kureishi stellte sich selbst die Frage: Was bin ich denn? Bin ich Pakistani? Bin ich Engländer? Und er gab eine kurze Antwort, die ebenso wahr und tiefblickend wie aussagestark und aufrichtig war, die Zusammenfassung einer vielschichtigen Situation, zugleich der Ausdruck einer besonderen Art der Selbstwahrnehmung, die viele in solchen Umständen haben, ohne sie so klar ausgesprochen zu haben: „Ich bin dazwischen." In diesem „Dazwischen" liegen Risiko und Gefahr, Angst und Hoffnung, Herausforderung und Versprechen. Vor allem aber ist immer auch eine Spannung damit verbunden.

Ein sehr sensibler und gebildet Inder, der sich in Amerika niedergelassen und es dort zu etwas gebracht hatte, erzählte mir von dem inneren Zwiespalt, den er empfand, wenn er seinen Sohn sah, einen prachtvollen Burschen mit feinen indischen Gesichtszügen und leuchtenden Augen, immer sportlich gekleidet. „Als ich in seinem Alter war", vertraute er mir an, „kannte ich die Bhagavad Gita auf Sanskrit auswendig. Wir sind Brahmanen nach Kaste und Amt, und mein Vater hatte sie mir selbst beigebracht. Mein Sohn kennt kein Sanskrit und keine Bhagavad Gita. Er ist hier geboren und wächst hier auf, die Traditionen seiner Vorfahren kennt er nicht und die seiner Nachbarn kann er nicht übernehmen. Noch ist er klein und merkt es nicht, aber wenn er größer ist, wird er sich ohne festen Grund, ohne Wurzeln und ohne Erbe vorkommen, wird weder hierhin noch dorthin gehören. Und es ist nicht möglich, dem Leben die Stirn zu bieten, ohne festen Boden unter den Füßen zu haben. Mir wird angst, wenn ich an die Zukunft meines Sohnes denke. Und ich trage die Schuld. Ich fühle mich verantwortlich für den kulturellen Mord an meinem Sohn. Das kann ich mir nie verzeihen." Zweifellos harte Worte, hervorgerufen durch seine tiefe Sensibilität, sein Verantwortungsgefühl und seine Liebe zu seinem Sohn. Der Sohn wird seinen Weg finden, dessen Anforderungen entsprechen und so zeigen, was in ihm steckt. Was der Vater ausdrückte, war nur die Qual des „Dazwischenseins", die er um so stärker empfand, als es um seinen Sohn ging. Diese Qual ist Wirklichkeit.

In London unterhielt ich mich einmal mit meinem Gastgeber, einem Gujarati, und ganz selbstverständlich sprachen wir beide Gujarati. Während unseres Gesprächs kam sein Sohn ins Zimmer, ein Teenager, um seinem Vater etwas zu sagen. Als er uns Gujarati sprechen hörte, kam er nicht näher, sondern wartete, bis der Vater zu ihm hinschaute. Als der Vater ihn sah, unsere Unterhaltung unterbrach und ihn fragend anschaute, vergaß der Sohn, was er eigentlich gewollt hatte und sagte zornig: „Warum sprichst du Gujarati mit dem Pater? Er kann Englisch." Dann drehte er sich brüsk um und verließ den Raum. Der Sohn sprach selbst Gujarati. Er hatte die Sprache in seinem englischen Zuhause von seinen Eltern gelernt. Er sprach sie daheim zumindest mit seiner Großmutter, die kein Englisch konnte. Aber ‚draußen' schämte er sich ihrer. Er wollte vergessen, was er doch offensichtlich war, eilig alles abschneiden, was doch seine eigentliche Geschichte bedeutete und sich von seiner unausweichlichen Vergangenheit trennen. Dies war weder möglich noch sinnvoll, aber in diesem Augenblick war es wichtig für ihn. Sein Vater lächelte traurig und setzte die unterbrochene Unterhaltung mit mir auf Gujarati fort.

Während desselben Besuches in London war ich in einem anderen Haus; wir wollten alle zusammen zu einem Empfang gehen, und die Mutter der Familie legte einen wunderschönen Sari an, den sie mit jener natürlichen Eleganz trug, die indische Frauen auszeichnet. Da hörte ich, wie ihre Tochter sich in vorwurfsvollem Ton bei ihr beschwerte: „O Mama, warum trägst du einen Sari? Du weißt, daß ich das nicht mag, wenn du ihn trägst." Diese Beschwerde ärgerte mich in diesem Augenblick um so mehr, als der Sari ein wirklich prachtvolles Gewand ist und in der besten Gesellschaft im Westen Bewunderung findet. Aber für das junge Mädchen, das in demselben Widerstreit der Kulturen befangen war, bildete er die Erinnerung an eine Herkunft, die es vergessen, und an Verbindungen, die es abschneiden wollte. Auch ihre Mutter lächelte traurig. Auch sie zog kein anderes Kleid an.

Noch schmerzlicher berührte mich dann – ebenfalls in England – der Fall eines kleinen indischen Mädchens, von dem die Schullehrerin berichtete, sie benähme sich in der Schule, als ob sie stumm wäre. Nie sprach sie ein Wort in der Klasse oder bei den Spielen vor ihren Lehrern oder ihren Klassenkameraden, nicht einmal, wenn sie etwas gefragt oder angesprochen wurde. Dabei verstand sie Englisch sehr gut und schrieb es korrekt, aber sie wollte nicht sprechen. War irgend etwas mit ihrer Sprachfähigkeit nicht in

Ordnung, fragten sich die Eltern. Zu Hause sprach sie normal mit allen, nicht nur auf Gujarati, sondern auch auf Englisch. Sie war keineswegs irgendwie behindert. Warum war sie aber in der Schule ohne Sprache? Viel liebende Fürsorge von ihren Eltern und ein Psychologe waren nötig, um den Grund herauszufinden. Eifrig darauf bedacht, daß sie möglichst schnell Englisch sprechen lernte, hatten ihre Eltern es ihr selbst beigebracht, und von ihnen hatte sie auch deren indischen Akzent übernommen. Als sie am ersten Schultag vor ihren englischen Kameraden sprach, machten sich alle über ihren Akzent und über sie lustig. Daraufhin tat sie ihren Mund nie mehr auf. Die Scham hatte sie stumm gemacht. Das Problem in der Schule ließ sich mit Zuwendung und Verständnis in Ordnung bringen. Es sollte jedoch lange dauern, bis die Wunde in ihrer jungen Seele heilte. Das Land zu wechseln bringt gewisse Vorteile – aber dieser Wechsel fordert einen hohen Preis.

Das ist die Welt des „dazwischen", die ich in tausend Facetten mit indischen Freunden im Ausland erlebt habe und auch in meinem eigenen Fall, nur umgekehrt, denn ich ging nach Osten, entgegen dem Trend gebildeter Kreise in Indien. Für mich hatte die Auswanderung mehr eine kulturelle, spirituelle und religiöse Bedeutung als eine politische oder finanzielle. Ich kam von Spanien nach Indien, aus einer christlichen in eine hinduistische Umwelt, aus einer sicheren Welt in eine offene, in der sich alle Mentalitäten und Ideologien trafen. Der erste Schock war groß. Damals war es noch Lehre der Kirche, und auch die Basis und Motivation für den Aufschwung der Mission in der Mitte unseres Jahrhunderts, daß außerhalb der Kirche kein Heil sei. So wurde uns mit aller Eindringlichkeit gelehrt, daß Erlösung für Nichtchristen fast unmöglich sei. Ich sprach täglich mit großem Eifer das Gebet, das der heilige Franz Xaver, Patron und Vorbild aller Missionare, verfaßt hat, und in dem er Gott bittet, die Heiden zu bekehren, denn jetzt sei „die Hölle voll von ihnen zu Deiner ewigen Unehre". Ich war ein Kind meiner Zeit und glaubte fest, ohne Zweifel und ohne Fragen, daß die meisten Nichtchristen auf ewig in die Hölle kämen. Das im behüteten Spanien zu glauben, zu einer Zeit, als jeder katholisch war und durch rechtzeitige Reue die Erlösung erlangen konnte, ganz egal, wie sehr er gesündigt hatte, war jedoch etwas ganz anderes als es in Indien zu glauben, mitten unter Hindus, Muslims, Parsen und Sikhs. Sie mußte ich, während ich sie lächelnd begrüßte und mich mit ihnen freundlich unterhielt, im Geiste auf ewig in der Hölle sehen.

Als erstes wurde ich in Indien an die Universität von Madras geschickt, um dort meinen Abschluß in Mathematik zu machen, und zufällig kam ich dort an dem Tag an, als das jährliche Sportfest stattfand. Ich war begeistert von diesem herrlichen Fest der Kraft und Schnelligkeit, der körperlichen Tüchtigkeit und strengen Disziplin. So etwas hatte ich in meinem ganzen Leben noch nicht gesehen, und in Gedanken sagte ich mir immer wieder: „Wie schade, daß all diese jungen Männer und Frauen schließlich für immer in die Hölle müssen!" Es klingt heute lächerlich, aber damals überschattete und begrenzte die religiöse Lehre wirklich häufig die zwischenmenschlichen Beziehungen. Hier brachte mir das Zweite Vatikanum später eine große Erleichterung.

Rückblickend sehe ich heute, daß ich damals von großem religiösem Stolz erfüllt war. Persönlich habe ich mich nie für stolz gehalten. Im Gegenteil, meine immer wiederkommende Schwäche ist, mich gering zu halten und hintanzusetzen. Aber als Angehöriger des besten religiösen Ordens, dieser doch eher kleinen Gesellschaft Jesu, in der besten Religion der Welt (dem Christentum und speziell dem römischen Katholizismus) fühlte ich mich jedem anderen entschieden überlegen. Ich war nach Indien gekommen, um zu geben, nicht zu empfangen, hatte nichts zu lernen und viel zu lehren. Obwohl selber unwürdig, war ich auserwählt worden, andere zu erleuchten, ihnen zu sagen, wie sie sich verhalten sollten, ihnen großherzig zu helfen, sich zu entscheiden und dabei zu tun, was nach meinem überlegenen Wissen das Beste für sie war. Doch Indien hat eine lange Geschichte und ist seit Jahrhunderten an solch gönnerhafte, herablassende Haltungen in der Art von Kolonisation gewöhnt. In seiner tiefen Weisheit und großen Geduld weiß es sanft, aber wirksam damit umzugehen.

Bald begann ich zu fragen, zu betrachten, die Augen zu öffnen und wahrzunehmen, daß ich in einer neuen Welt voll fremder Reichtümer und wachsender Faszination war, und ich begann nachzudenken, mich anzupassen und zu lernen. Vor allem zu lernen. Das Größte, was ich von Indien lernte und überhaupt das Größte, was ich je in meinem Leben lernte, war zu lernen, wie man lernt, zu erkennen, daß ich noch lernen mußte, daß ich, auch nachdem ich die beste und längste Persönlichkeitsbildung der Welt durchlaufen hatte – denn dafür halte ich die in der Ratio Studiorum vorgeschriebene noch immer –, nur Anfänger war, ein Lernender auf immer. Ich war jetzt ein Student an der offenen Universität östlicher Weisheit, und das Universitätsgelände war für mich Indien in seiner ganzen Länge und Breite. Ich begann, mich glücklich zu schätzen, daß ich nach Indien gekommen war. Meine eigentliche Erziehung begann, als ich geglaubt hatte, meine formale Erziehung sei abgeschlossen. Was ich heute bin – und ich liebe mich so, wie ich bin –, das verdanke ich ebenso Indien, das mich prägte, wie Spanien, wo ich geboren wurde. In den indischen Sprachen gibt es einen Ausdruck, um ein Leben von ungewöhnlicher Fülle, nach der Genesung von einer für tödlich gehaltenen Krankheit oder nach dem Erlebnis spirituellen Erwachens zu bezeichnen: „Zwei Leben in einem leben." Das beschreibt in etwa auch meine Erfahrung.

Ich möchte versuchen, mit einer Geschichte die unmögliche Aufgabe zu lösen, das Gefühl des Dazugehörens, des Angenommenseins, des Zuhauseseins in einer anderen Kultur zu vermitteln, möchte die geistliche Verwandlung zeigen, die sich unter der Oberfläche der geographischen Einwanderung verbirgt, so wie ich sie erfahren habe. Eine wahre Begebenheit, eine einfache Episode vermag eine Situation oft besser wiederzugeben als eine umfassende Beschreibung oder noch so genaue Analyse. Diesen Weg bevorzuge ich besonders dann, wenn ich eine tiefe Erfahrung und eine reiche Bedeutung vermitteln möchte, so wie hier:

Karsandas Manek, der vor einigen Jahren starb, war für mich der glücklichste Vertreter des modernen aufgeklärten Hinduismus in Gujarat. Dichter und Mystiker, Gelehrter und Prediger, humorvoll und fromm, schrieb er religiöse Gedichte, leitete Erneuerungskreise und predigte begeisternd. Vor allem aber war er ein Meister des ‚kirtan', der langen religiösen Unterweisung, die Stunden dauern kann und in der sich Lieder, Exegese, Humor und Ermahnung in einer Weise verbinden, die Tausende von Zuhörern in jeder Stadt oder Gemeinde zugleich unterhält und belehrt.

Einmal kam er in meine Stadt, Ahmedabad, um dort solch ein religiöses Programm durchzuführen. Wir kannten uns und waren einander spontan freundschaftlich zugetan. Also ging ich hin, um ihn auf dem Platz im Freien zu treffen, wo er den ganzen Tag über predigen sollte. Da solche Zusammenkünfte ganz ungezwungen vor sich gehen, konnte ich jederzeit kommen. So traf ich ein, als die Veranstaltung schon halb vorbei war und begann, mir einen Weg durch die Menge zu bahnen. Er erkannte mich sofort von weitem, unterbrach seine Rede, zeigte auf mich, so daß sich alle Köpfe auf dem weiten Platz nach mir umdrehten, und sagte mit sichtlicher Freude: „Hier kommt ein echter Vaishnav!"

Es wird mir gewiß nicht leicht fallen, den ganzen Sinn und das ganze Gefühl, dic in dem Wort ‚Vaishnav' liegen, darzulegen, ja ich riskiere Mißverständnisse, wenn ich es versuche. Wörtlich bezeichnet es natürlich einen Nachfolger Vishnus, des Hindugottes. Aber kulturell, sozial und gefühlsmäßig heißt es weit mehr und etwas ganz anderes. Es bedeutet etwa dasselbe wie „ein echter Israelit, ein Mann ohne Falschheit", wie Jesus von Natanaël sagte, ein lauterer Mann von tiefem Glauben und edlem Wesen, ein Mann, dem man trauen kann, ein guter Mensch. Hinzu kommt, was im Geist und im sprachlichen Zusammenhang alles mitschwingt bei einem religiösen Wort, das jedem Gläubigen heilig ist und von jedem Hindu geliebt wird. Vaishnav. Das Wort, mit dem das berühmteste Gedicht von Narsinth Mehta (Mahatma Gandhis Lieblingsgebet) beginnt. Das Gebet ist eine genaue Beschreibung dessen, was ein Vaishnav, ein Mann Gottes, ist – Tugend für Tugend. Das beste Wort der Sprache. Das reichste Konzept im Lande. Und dieses wunderbare Wort gebrauchte er für mich in aufrichtiger Wertschätzung und Direktheit. Er wußte, daß ich Christ, Priester und Missionar war, und als solchen mochte und akzeptierte er mich. Und um mir bei einer Zuhörerschaft von frommen Hindus rasches Verstehen und herzliche Aufnahme zu verschaffen, hatte er mich mit dem höchsten Kompliment seiner religiösen Sprache eingeführt, dieser Sprache, die er so gut kannte und so wirkungsvoll einzusetzen wußte.

Vaishnav. Vieles bin ich während meines Lebens genannt worden, manches davon war sehr schmeichelhaft, aber am liebsten habe ich diese unwahrscheinlich klingende Bezeichnung des Hindu-Predigers für den katholischen Priester – wegen der so schönen Begleitumstände, der tiefen Bedeutung und wegen der Kühnheit, mit der er mir diesen Titel gab, wie auch meiner unbefangenen Freude, mit der ich ihn annahm. Während alle Augen noch auf mich gerichtet waren, forderte er mich auf, zu ihm zu kommen und sein Podest zu besteigen. Er umarmte mich herzlich und bat mich, zu seinen Zuhörern über Jesus zu sprechen. Ich tat es. Ich war ein wirklicher Vaishnav.

Ich möchte nicht den Eindruck erwecken, als ob für den Spanier in Indien immer alles ganz glatt gegangen wäre. Es gab auch Spannungen, wenngleich ich sie in meiner Naivität lange nicht wahrnahm. Ich war immer noch blind gegenüber den nationalen Gefühlen und den unvermeidlichen Vorbehalten gegenüber Ausländern in einem Land, das erst vor kurzem seine Unabhängigkeit errungen hatte. Ich glaubte, der Dienst, den die ausländischen Missionare Indien erwiesen, sei so angebracht und lebensnotwendig, daß er alle persönlichen Fehler der einzelnen überdecken würde. Dieser selbstgefällige Glaube wurde an dem Tag erschüttert, als mir ein indischer Jesuit, ein untadeliger, gebildeter Mann, anvertraute, er habe vor, den Orden zu verlassen, weil er das Verhalten der ausländischen Mitbrüder nicht mehr ertragen könne. Sie bildeten immer noch die Mehrheit in dem indischen Ort, in dem er lebte. Ewig sprachen sie von ihren Herkunftsländern und bedachten alles dort mit größtem Lob, während sie dabei zugleich und oft auch offen ausgesprochen Indien im Vergleich herabsetzten. Sie nannten es „dieses Land", wo, wenn man sie hörte, nichts funktionierte. Wie sie untereinander endlos in ihrer Sprache redeten, ohne sich im geringsten um die Gegenwart anderer zu kümmern, ihre besonderen Witze, die nur sie verstanden, ihre Zeitungen, Bücher und Zeitschriften, ihre Gespräche über die Dinge „zu Hause", ihre geschlossenen Kreise, die sich dem Außenstehenden nur widerstrebend öffneten, ihre Gewißheit, daß ihre Vorgesetzten, die alle auch Ausländer waren, ihnen Rückendeckung geben würden, wie sie sich auf ausländisches Geld verließen, das ihnen leicht zugänglich war, ihre Unfähigkeit, sich mit irgendetwas in Indien zu identifizieren – Demütigungen Tag für Tag, die es fertig brachten, daß man sich ihnen gegenüber als minderwertiger Mensch vorkam.

Und so war es seit Jahren. Der indische Jesuit war so verletzt, daß ich seine offene Wunde durch die Worte hindurch spüren konnte. Ich war über diesen unerwarteten Ausbruch bestürzt. Er war ein feinfühliger Mann, der durch taktlose ausländische Mitbrüder und Vorgesetzte gebrochen worden war. Ein extremer Fall, gewiß, aber mir öffnete er die Augen für eine Situation, die ich übersehen, und einen Schmerz, den ich bis dahin noch nicht wahrgenommen hatte. Einmal auf diesen Schmerz aufmerksam geworden, entdeckte ich überall solche spannungsreichen Situationen, ja auch stürmischen Zusammenstöße und sprach mit meinen Mitbrüdern darüber. War vielleicht für uns ausländische Missionare die Zeit gekommen, nach Hause zurückzukehren? Etwas half mir bei meiner persönlichen Entscheidung, und ich berichte es hier froh, freimütig und offen. In all den Jahren in Indien und bei all meinem Umgang mit meinen indischen Mitbrüdern bei den Jesuiten wurde mir nicht einmal nahegelegt, wegzugehen. Ich habe ganz sicher gelegentlich Menschen verletzt, und ich weiß, daß ich auch Feindschaft hervorgerufen habe, doch fühlte ich mich nicht unerwünscht. Also blieb ich.

Schließlich gründet ja meine stärkste Bindung an Indien und meine lebendige Beziehung zu diesem Land ganz einfach darin, daß meine besten Freunde Inder sind. Ich bin Geistlicher und ehelos, und nicht obwohl, sondern gerade weil ich das bin, spielt die Freundschaft eine wichtige Rolle in meinem Leben. Ich hatte sogar daran gedacht, ein eigenes Kapitel „Ich bin der Freund meiner Freunde" in dieses Buch aufzunehmen, wo ich diesen wesentlichen Aspekt meines Lebens behandelt hätte. Der einzige Grund, warum ich es nicht tue, ist der, daß ich auf dieses Thema schon in dem anderen Buch „Living Together – Zusammen leben" näher eingegangen bin.

Ich bin Mathematiklehrer von Beruf, und das nächste Kapitel soll mein Selbstverständnis in diesem Beruf darstellen. Der Mathematikunterricht ist eine anspruchsvolle Aufgabe, er fordert viel Energie und Zeit, und in der Blüte meines Lebens widmete ich ihm jahrelang meine ganze Kraft. Aber auch die Literatur reizte mich, und bald begann ich in meiner freien Zeit zu schreiben. Und da meine Manuskripte veröffentlicht wurden, schrieb ich mehr und mehr. Bald reichte dafür meine freie Zeit nicht mehr aus. Schreiben ist ebenfalls eine anstrengende Sache, die Zeit und Energie verlangt. So wuchs in mir der Wunsch, mein Unterrichtspensum in Mathematik zu verringern. Ein Fachbereich an einem College hat eine ziemlich starre Struktur, und alle Mitglieder sehen vor allem darauf, nicht mehr Arbeit zu bekommen als ihre Kollegen. Die Anzahl der Unterrichts- und Nachhilfestunden, der Stunden, wo man Klausuren beaufsichtigt und Arbeiten korrigiert, werden eifersüchtig überwacht, gezählt und verglichen. Ich konnte nicht darum bitten und nicht erwarten, daß meine Kollegen meine Arbeit übernehmen und mich für andere Zwecke, und seien sie noch so edel, freistellen würden. Aber gerade dies geschah. Mein Pensum wurde auf ein Minimum reduziert, und das Durchsehen der Arbeiten wurde mir buchstäblich aus der Hand genommen. Der Direktor der Abteilung wischte meine Hemmungen beiseite. „Du hast wichtigere Aufgaben", sagte er. Ich nahm das Geschenk gern an. Aus unserer Zusammenarbeit entwickelte sich mit der

Zeit eine tiefe persönliche Freundschaft. Als er mir einmal alle seine Freunde aufgezählt, meinen Namen aber ausgelassen hatte, fragte ich in scherzhaftem Vorwurf: „Bin ich nicht auch dein Freund?" Darauf antwortete er: „Du bist mehr als ein Freund für mich." Was bin ich, daß ich mehr als ein Bruder für meinen Bruder, mehr als ein Freund für meine Freunde bin?

Auf sehr schöne Weise bewährte sich seine Freundschaft bei einer delikaten und schwierigen Angelegenheit: Meine schriftstellerische Arbeit war ins Uferlose gewachsen, und innerlich war ich zu der Entscheidung gekommen, meine Unterrichtstätigkeit aufzugeben. Ich wußte, daß das aus verschiedenen Gründen nicht leicht sein würde und beschloß, ihm meinen Wunsch vorzutragen und dann seiner Reaktion und seinem Rat zu folgen. Als ich ihn aufsuchte, sprachen wir zuerst über meine Reise, und dabei überlegte ich, wie ich zum eigentlichen Thema kommen könnte. Aber er ahnte meinen Wunsch und ersparte mir die Verlegenheit, indem er mich, als wäre es eine unwichtige Unterbrechung in unserer vertrauten Unterhaltung, nachsichtig fragte: „Übrigens, möchtest du eigentlich dein Seminar über Gruppentheorie wirklich halten?" Das klang so freundlich und beiläufig, und seine Frage führte so natürlich zu der Antwort, die ich geben wollte, daß ich bloß leichthin zu sagen brauchte: „Nein, Suresh." Darauf erwiderte er unverzüglich: „Dann denk' nicht mehr daran." Und wir kehrten zum Thema meiner Reise zurück. Ich wußte, daß es noch Formalitäten am College zu klären geben würde, Einspruch von höherer Stelle, offizielle Anträge und Genehmigungen. Aber die Absprache war getroffen. Mein Freund hatte mir großzügig und verständnisvoll geholfen, als ich ihn brauchte. Unsere Religionen sind verschieden, aber unsere Herzen schlagen zusammen.

Da meine besten Freunde Inder sind, hat sich bei mir eine natürliche Nähe und spontane Zuneigung zu Menschen und Dingen in Indien entwickelt. Diese gefühlsmäßige Bindung hat viel dazu beigetragen, daß ich die unerschöpflichen Reichtümer der indischen Tradition würdigen und mir aneignen, ja, daß ich selbst in die Weisheit des Ostens eintreten konnte. Wenn ich heute über Indien spreche und schreibe, tue ich es aus dem Innern der Sache heraus, und das höchste Kompliment, das ich von Lesern und Zuhörern in Indien erhalten habe – und sie sagen es mir immer wieder –, ist, daß wiederum ich ihnen geholfen hätte, ihre eigene Tradition besser zu verstehen.

Während meines ersten Besuches in Spanien hielt ich im Museum San Telmo in San Sebastian einen öffentlichen Vortrag über Indien. Nach dem Vortrag kamen mehrere Leute zu mir, wie es bei solchen Anlässen üblich ist, um Fragen zu stellen, Autogramme zu erbitten und persönliche Grüße auszurichten. Unter ihnen fiel mir ein junger Mann auf, der eindeutig wie ein Inder aussah. Für einen Augenblick wurde ich unruhig. Hatte ich in meinem Vortrag irgend etwas gesagt, das ihn hätte verletzen können? Ich hatte nicht daran gedacht, daß auch Inder unter den Zuhörern sein könnten, und vielleicht hatte ich etwas Unvorsichtiges, Ungenaues oder Anfechtbares gesagt. Kam er nun, um sich deshalb zu beschweren? Er wartete geduldig, bis sich die Gruppe nach und nach auflöste, und seine Geduld unter all den eiligen Spaniern ließ sein indisches Wesen um so deutlicher erscheinen. Als er mit mir allein war, sagte er in perfektem Spanisch: „Ich komme aus Indien; ich studiere in Spanien Schiffstechnik. Heute habe ich die Ankündigung Ihres Vortrags in der Zeitung gesehen und bin aus Neugier hergekommen. Ich bin froh, daß ich gekommen bin. Als ich Ihnen zuhörte, war ich stolz darauf, Inder zu sein. Gracias." Dann wandte er sich um und ging.

6 *Ich bin Schriftsteller*

Wie gerade gesagt, war für mich das Ausscheiden aus dem „gelernten" Beruf, den ich mein ganzes bisheriges Leben lang gern ausgeübt hatte, nicht so einschneidend, wie es oft der Fall ist. Nicht allein deshalb, weil man dann merkt, daß man alt ist, daß der soziale Status sich ändert oder sich die praktische Frage stellt, wie das Mehr an freier Zeit neu genützt werden könne, sondern vielmehr deshalb, weil man wieder vor der grundlegenden Frage steht: „Wer bin ich jetzt?"

Viele Jahre lang, die ganze Arbeitszeit, die den „produktiven" Abschnitt im Leben ausmacht, war ich Lehrer, Gemeindepfarrer, Ordensoberer, wie andere vielleicht Ingenieur, Rechtsanwalt oder Stationsvorsteher. Nun wurde ein Abschiedsfest für mich gegeben, das eigentlich nur die Vorwegnahme der Beerdigung ist. Man hat mir eine gerahmte Urkunde über meine Ehrlichkeit, Treue und Tüchtigkeit überreicht – ich wünschte, es wäre wahr, aber sie wissen, daß es nicht stimmt –, und man hat mich nach Hause geschickt. Jetzt bin ich nicht mehr der Vorsitzende, der Professor, der Richter. Wer bin ich aber dann?

Ein Beamter, der viele Jahre an demselben Schreibtisch in demselben Büro verbracht hatte, erzählte mir, er sei von seinem Nachfolger ab und zu eingeladen worden, ihn im Büro zu besuchen, doch er habe den Anblick eines anderen auf demselben Stuhl, der so viele Jahre sein eigener Managersessel gewesen war, nicht ertragen können. Dieser Stuhl, dieser Tisch, dieses Büro waren ganz zu einem Teil seiner Persönlichkeit geworden, und es beunruhigte ihn, einen anderen Menschen in diesem seinem persönlichsten Rahmen zu sehen. Ist das nicht eigentlich nur eine kompliziertere Version des Ballons in der Derwischgeschichte, mit der ich dieses Buch begonnen habe? Ohne meinen Ballon – oder ohne mein Büro – bin ich nicht ich. Irgendwo hörte oder las ich die Anekdote, daß bei einer Einladung für frühere und noch tätige Angestellte einer großen Firma ein eifriger Neuling herumging, Angestellten im Ruhestand die Hand schüttelte und – wohl, um sich beliebt zu machen – jeden fragte: „Und wer waren Sie?" In Indien würden wir das eher als eine höfliche Frage nach der früheren Inkarnation auffassen.

Ich denke hier auch an einen vorbildlichen Jesuiten-Bruder, der sehr alt geworden war und immer dieselbe Arbeit an demselben Ort getan hatte, einen Tag nach dem andern das ganze Arbeitsjahr hindurch, außer während seiner zweiwöchigen Ferien und während seiner jährlichen Exerzitien; doch auch die jedes Jahr zur selben Zeit. Keine Krankheit, keine Ablenkung und keine gesellschaftliche Verpflichtung haben je seinen Stundenplan umgeworfen oder ihn auch nur einmal verspätet in seine Werkstatt kommen lassen. Er war ein vorbildlicher Arbeiter und entsprach ganz dem Bild, das er von sich selbst entworfen hatte. Selbst als er alt geworden war, kam ein Rücktritt von der Arbeit in seiner Werkstatt für ihn nicht in Frage. Solch ein Gedanke wäre ihm gar nicht gekommen. Doch er kam den Leuten, die unter ihm arbeiteten, und durch sie zum Oberen, der sehr freundlich etwas von verdienter Ruhe, Versetzung an einen anderen Ort und ehrenvollem Ruhestand andeutete. Aber das verstand unser braver Arbeiter gar nicht. Er erklärte, solange es etwas zu tun gäbe und seine körperlichen Kräfte ausreichten, würde er arbeiten. Arbeit gab es genug, gewiß, aber schließlich ließen seine Kräfte nach. Daraufhin geriet er in Panik. Der Arzt verordnete Ruhe, aber auch er, dessen Anordnungen bei Krankheit nach der Ordensregel als der Wille Gottes anzunehmen sind, fand keinen Gehorsam. Der alte Arbeiter betete und bat alle, mit ihm zu beten, daß ihm die Gnade geschenkt würde, bis zum letzten Tag seines Lebens arbeiten zu können. Er verkündete sein Vertrauen, daß sein Gebet erhört worden sei, und handelte entsprechend, indem er sich zu seiner Werkstatt schleppte und bei seiner Routine blieb. Er wollte in den Sielen sterben. Etwas Edles und Würdiges liegt in dieser verbissenen Ausdauer eines alten, gewissenhaften Arbeiters. Pflichtgefühl, Hingabe an die Arbeit, der Wunsch, der jüngeren Generation ein gutes Beispiel zu geben und die Verantwortung für seinen Lebensunterhalt bis zum letzten Atemzug zu tragen. In ihrer Großherzigkeit hoben alle dies mit aufrichtigem Lob hervor, und sie hatten auch recht damit. Auch ich möchte den echten Wert dieser Einstellung nicht schmälern, dennoch besaß das Verhalten des alten Arbeiters noch eine andere, dunklere Seite. Seine tief verwurzelte Weigerung, die Arbeit aufzugeben, sein Eigensinn und seine völlige Unfähigkeit, einmal nichts zu tun. Woher kam dieses Unvermögen? Angeblich aus dem religiösen Motiv, nach dem Willen Gottes zu arbeiten, konkreter aber aus der Notwendigkeit, seine Zeit auf die einzige Weise auszufüllen, die er kannte. Aber auch das allein erklärt seine heftige Weigerung, die Werkstatt zu verlassen, noch nicht ganz. Wenn der Wille Gottes sein Motiv war – die Andeutung des Oberen, die Arbeit nun aufzugeben, war schließlich genauso der Wille Gottes wie sein früherer Befehl, sie zu tun. Und, was das Problem des Zeitvertreibs betrifft, er war im Alter so tief fromm, daß er ohne weiteres viele Stunden des Tages in der Kapelle hätte verbringen können; abends hätte er sich dann immer noch dem Dominospiel widmen können, das ebenfalls zu seinen täglichen Gewohnheiten gehörte.

Der eigentliche Widerstand, seine Arbeit aufzugeben, kam aus einer ganz anderen Schicht seines Wesens, und er selbst, intelligent wie er war und gerade heraus, wie er sein konnte, wenn er gereizt wurde, umschrieb diesen wirklichen Grund sehr scharf und plastisch, obwohl er vielleicht die Zusammenhänge nicht ganz verstand, als er jemandem lebhaft erwiderte, der es gewagt hatte, ihn mit seinem Nichtaufhörenkönnen aufzuziehen: „Ich bin Bruder Sowieso, und Bruder Sowieso ist Chef dieser Werkstatt. Verstanden?" Das war der springende Punkt. Er war der Chef der Werkstatt, als solchen hatte man ihn gekannt, solange man zurückdenken konnte, und so war er allen – auch sich selbst – bekannt; konnte er das nicht mehr sein, war er nicht mehr er selbst. Er war der Chef der Werkstatt. Das war seine Bestimmung, sein sozialer Status, seine Identität. Wenn er das nicht war, war er nichts mehr. Wollte er nicht aufhören zu existieren, so mußte er sich mit allen Fasern seines Seins an der einzigen Daseinsform festklammern, die er kannte: an seiner Werkstatt. Und dieses enge Bild, das er von sich selbst besaß, hinderte ihn daran, einen frohen Ruhestand zu genießen.

Ich schreibe dies nicht nur, um alten Leuten die Ruhestandskrise zu erklären, sondern für alle, junge und alte, um zu zeigen, welche Gefahr es bedeutet, sich übermäßig mit seinem Beruf zu identifizieren und dadurch die eigene Lebensfreude und Lebenserfahrung unnötig einzuschränken. So ist es auch bei jungen Frauen und Männern, wenn ihr Beruf sie in den Augen der Gesellschaft – und daher auch in ihren eigenen Augen – hervorhebt, sei es durch öffentliches Auftreten, besondere Spezialisierung oder großes Engagement. Wie aber ist es mit einem Sportler, der sein letztes Spiel spielt, einem Astronauten, der seinen letzten Auftrag durchführt, einem Mannequin, das seine Figur verliert, oder einem Sänger, dessen Stimme brüchig wird? Ließen sich früher nicht Knaben kastrieren, um ihre Sopranstimme auf Kosten ihrer Mannheit zu erhalten? Solchen Sängern war ihr Beruf wichtiger als ihr Geschlecht. Die Moraltheologen jener Zeit fanden subtile Argumente, um die Erlaubtheit dieser Selbstverstümmelung zu verteidigen. Die Disziplin von Filmstars und beliebten Sängern heute, die ihr jugendliches Aussehen bewahren wollen, ist nicht ganz so radikal, fordert aber nicht weniger. Der Beruf kann einen Menschen oft unzulässig prägen und damit sein inneres Wachstum verhindern.

Mein Lieblingsstierkämpfer Paco Camino zog sich aus der Arena zurück, als seine Reflexe nicht mehr schnell und seine Muskeln nicht mehr geschmeidig genug waren und er die Reaktionsfähigkeit und die

Kraft nicht mehr besaß, die nötig sind, um in der Nachmittagssonne einem anrennenden Stier entgegenzutreten. Er gab seinen Rücktritt dadurch bekannt, daß er mitten in der Arena und vor dem jubelnden Publikum das dafür vorgesehene traditionelle Ritual vollzog, indem er den kleinen Zopf von seinem Haar abnahm, der das angestammte Symbol der Stierkämpferzunft ist. Zu dieser Zeit besaß er alles, Ruhm und Geld, eine liebe Familie sowie einen Platz in der Geschichte des Stierkampfes. Danach widmete er sich seinen Geschäften und seinem Privatleben und hinterließ nur die Erinnerung an seinen an Tollkühnheit grenzenden Mut, seine unbewegliche Gestalt vor dem angreifenden Stier, seine Kunst, erst im allerletzten Moment auszuweichen.

Seine Auftritte gehörten bereits der Vergangenheit an, als sich ganz unerwartet die unglaubliche Nachricht verbreitete, er wolle in die Arena zurückkehren. Was war geschehen? Brauchte er Geld? Langweilte er sich? Wollte er gar Selbstmord begehen? Keineswegs. Er hatte Geld und Arbeit, war bei guter Gesundheit, und seine Zukunft war gesichert. Aber er kam nicht zur Ruhe. Jeder Zoll an ihm war ein Stierkämpfer. Wenn er das nicht war, war er nichts, war er nicht er selbst. Um wieder er selbst zu sein, kehrte er in die Arena zurück, ohne Rücksicht auf die Folgen. Für sein Comeback wählte er den festlichen Stierkampf, mit dem die Stadt Toledo jedes Jahr das Fronleichnamsfest feiert. Auch ich war dabei und sah ihn mit einem erfüllten Lächeln auftreten, aus dem seine tiefste Zufriedenheit leuchtete. Er war wieder er selbst. Er ging zu dem Platz, wo er den Stier erwartete. Mit seinem geübten Blick maß er die Entfernungen. Der

Stier, eine halbe Tonne gehörnter Wut, entdeckte seinen Feind und griff an. Und der stand da, aufrecht, die Fersen in den Sand gestemmt, fest die Hand, unbeweglich bis zum letzten Moment, und entging dem Stoß der Hörner jedesmal nur mit einer winzigen Bewegung seines roten Tuches. Ich war so nahe dabei, daß ich das wütende Schnauben des Stiers jedesmal hören konnte, wenn er ganz knapp am Ziel vorbeistieß, dann aber um so wilder wieder und wieder angriff.

„Klasse, Kraft und Füße" sind nach Ortega y Gasset, der nicht nur über das Leben, sondern auch über den Stierkampf philosophiert hat, die Qualitäten eines Kampfstieres, und dieser an jenem sonnigen Nachmittag im altehrwürdigen Toledo hatte alle drei in vollem Maße. Außerdem besaß er noch Hörner. Lange und feste, gebogene Hörner mit dolchgleichen Spitzen. Sie suchten ihr Ziel mit unerbittlicher Konzentration, und plötzlich fanden sie es. Ein unachtsamer Moment, eine Fehlberechnung, ein Bruchteil eines Zentimeters, das übermäßige Selbstvertrauen des Stierkämpfers, der in seinem Rausch vergessen hatte, daß ein paar Jahre bei seinen Reflexen gefährlich viel ausmachten – und das stahlharte Horn drang in einem plötzlichen Stoß nach oben in die Schulter des Mannes ein, hob den Körper mit verächtlicher Leichtigkeit hoch und warf ihn dann hilflos auf den Boden, zum Schrecken der verstummenden Menschenmenge. Wieder Blut auf dem Sand. Diesmal nicht das Blut des Stiers, sondern das des Mannes, der lieber in seinem Beruf sein Leben riskiert hatte, als es in der Routine des Alltags zu verlieren. Die Diagnose des Arztes wurde sofort im Rundfunk verbreitet: die Wunde war tief, aber es bestand Aussicht, daß er wieder gesund werden würde. Nach einigen Tagen sah ich im Fernsehen sein erstes Interview, das er in seinem Krankenzimmer gab. Das weiße Bett, die nackte Brust, die fleckenlosen Binden – welcher sterile Kontrast zu dem „Kostüm des Lichts", der glänzenden Stickerei aus Gold und Silber, die er in der Arena getragen hatte. An seinem Bett stand seine Frau mit dem angestrengten Lächeln, das sie in den langen Jahren an der Seite eines Stierkämpfers gelernt hatte. Er beantwortete Fragen. Wie das habe passieren können? Wie er sich fühle in diesem Moment? Ob es ihm leid tue, daß er wieder in die Arena gestiegen sei? Und dann kam unvermeidlich die Frage, die alle stellen wollten, die aber selbst ein hartgesottener Fernsehreporter in diesem Augenblick kaum auszusprechen wagte und unvollendet ließ: „Würde er ...? „Er verstand, sah seine Frau an, um ihre wortlose Zustimmung zu suchen, lächelte schwach, aber fest, und nickte deutlich und wiederholt. Ja, er werde mit dem Stierkampf weitermachen.

Ist ein Beruf mit der Ausübung von Macht verbunden, kann er einen Menschen noch viel tiefer fesseln und die Persönlichkeit noch stärker prägen. Ein Minister, der nach langer Amtsführung nicht wieder gewählt, oder ein indischer Maharadscha, der seiner „Schatulle" beraubt wird, ein Manager „auf Lebenszeit", der dann doch zurücktreten muß. Oder einfach ein Jesuit, der länger Autorität besessen hat, als es für die Menschen unter ihm und vor allem für ihn selbst gut war, der schließlich den Vorsitz des Tisches abgibt und wieder zum „Fußvolk" gehört. Macht aufzugeben ist immer schmerzlich. Was mich aber beschäftigt, ist weniger der Verlust der Macht selbst als der Verlust des Selbstbildes bei einem Menschen, der sich selbst jahrelang als Herrscher über andere gesehen hat und dann plötzlich auf einer Ebene mit der Menge steht. Wiederum – wer bin ich?

Als die indischen Maharadschas ihre Throne verloren hatten, kämpften sie weiter um ihre Titel. Es war wichtig für sie, immer noch von allen, die ihnen begegneten, mit ‚Eure Hoheit' angeredet zu werden, damit wenigstens in Worten der Eindruck entstünde, sie seien noch diejenigen, die sie „immer gewesen waren".

Die Jesuiten in Indien erinnern sich mit einer Mischung aus Respekt und Zuneigung an die Gestalt von Pater Conget, der während eines langen und wichtigen Abschnitts in der Geschichte der indischen Jesuiten Rektor, Oberer, Novizenmeister, Vorsitzender jeder Konferenz im Lande und Direktor jedes denkbaren Ausschusses war. Beinahe jeden Tag seines Lebens war er Oberer, von seiner Profeß bis in sein hohes Alter. Endlich trat er zurück und stand wieder in der Reihe der anderen. Vorbildlich fromm wie er war, wies er demütig alle Privilegien zurück und wollte keine äußeren Unterscheidungen. Gleichwohl blieb er im Herzen Oberer. Ein ganzes Leben mit Autorität hatte es ihm unmöglich gemacht, sich als „Untergebener" wie jeder andere zu fühlen oder anderen in seiner Gegenwart diesen Eindruck zu vermitteln. Er war es einfach nicht. Seine Gesundheit, die nie sehr gut gewesen war, verlangte im Alter besondere Fürsorge und Aufmerksamkeit, doch er wies alles zurück. Der Krankenpfleger, der nach ihm sehen sollte, ein tüchtiger Aragonier wie er selbst, glaubte, er könne sich den Sinn des alten Mitbruders für religiöse Disziplin und

Gehorsam zunutze machen, um die notwendige Behandlung durchzusetzen. So sagte er ihm etwa folgendes: „Hören Sie zu, Pater. Sie kennen die Bedeutung des Gehorsams für unser Leben besser als ich, und Sie wissen auch, daß in bezug auf die Gesundheit ich jetzt Ihr Vorgesetzter bin und Sie mir gehorchen und den Willen Gottes darin sehen müssen, wenn ich Ihnen für Ihre Gesundheit etwas auftrage. Dieser Behandlung müssen Sie sich unterziehen, und ich erwarte, daß Sie es in heiligem Gehorsam auf das pünktlichste tun." Darauf antwortete der alte Mann mit der vielleicht liebenswertesten Widerrede seines Lebens: „Junger Mann, jetzt hören Sie mal zu. Ich habe in meinem ganzen Leben niemandem gehorcht, und jetzt soll ich Ihnen gehorchen?" Die Behandlung wurde abgesetzt.

Es war auch derselbe Pater Conget, aber dies hier nur als beiläufige Bemerkung gesagt, der über meine berufliche Zukunft entschied und mich ein Abschlußdiplom in Mathematik erwerben ließ – ein Befehl, dem ich prompt gehorchte, obwohl ich mich mehr zu Sprachen und Literatur hingezogen fühlte. Ich habe an der Universität jahrelang mit Hingabe Mathematik gelehrt; habe die größte Freude daran gehabt, stundenlang an schwierigen Problemen zu arbeiten, mit einer lernbegierigen Klasse die Lösung eines verzwickten Problems zu suchen, Studenten zu unterrichten, die intelligenter waren als ich, führenden Mathematikern der Zeit auf Weltkongressen beim Arbeiten zuzusehen, in Fachzeitschriften die letzten Forschungen zu verfolgen, mich in die mathematische Philosophie zu versenken, Fachgespräche mit Freunden und Kollegen zu führen, mathematische

Lehrbücher zu verfassen und Beiträge für die Mathematikzeitschrift in Gujarati zu schreiben, zu deren Herausgeber meine Kollegen mich immer machen wollten, was ihnen aber nie gelang. Doch dann habe ich alles leichthin, ja fast ohne nachzudenken, aufgegeben. Heute ist mir klar, daß ich mich selbst auf dem Höhepunkt meiner Laufbahn als Lehrer nie ganz mit meinem Beruf identifiziert habe. Wohl sah ich mich selbst nicht als Mathematiker. Ich muß sogar eine verborgene Reserve gegen den eben erwähnten Vorgesetzten gehabt haben, obwohl ich sie nie bewußt empfunden habe; er trug mir die Mathematik auf trotz meiner bereits offenkundigen Vorliebe für die Geisteswissenschaften. Der Gehorsam ließ mich fleißig studieren und die Examen bestehen, aber er veränderte meine Neigung nicht. In aller Heimlichkeit begann ich zu schreiben; mir selbst gegenüber rechtfertigte ich meine literarischen Ausflüge mit der pastoralen Überlegung (das Wort ‚pastoral' kam damals in Mode), daß ich als Priester für die „Seelen" arbeiten müsse und mich nicht damit begnügen könne, Studenten in Algebra zu unterrichten. Das Motiv war unanfechtbar. Ermutigt wurde ich von meinen Vorgesetzten und noch mehr durch meine Erfolge; meine Veröffentlichungen nahmen zu, und schließlich nahm die Feder ganz den Platz der Kreide ein. Seit einigen Jahren sage ich, wenn ich mich vorstelle, lieber „Ich bin Schriftsteller" als „Ich bin Lehrer".

Das Schreiben verschafft mir eines der größten Vergnügen, die ich im Leben erfahren habe: Die Freude, mich auszudrücken, mit Ideen zu spielen, einen Gedanken zu formulieren, doch auch die Enttäuschung, daß selbst die glücklichste Wortwahl der Vollkommenheit des ungeformten Konzepts im Kopf nicht gerecht wird; und dann das besondere Gefühl, sein eigenes Buch fertig gedruckt in der Hand halten zu können.

Schreiben ist der beste Beruf. Er hat den Vorteil, daß es bei ihm keinen Ruhestand gibt.

7 *Ich bin Jesuit*

Schreiben ist eine Freude – kann aber auch eine Qual sein –, und zu den besonderen Freuden beim Schreiben gehört, ein neues Buch zu entwerfen. Die Grundidee, die dieses Buch bestimmt und die ich im folgenden deutlich machen möchte, legt auch meine Wurzeln als Jesuit frei und zeigt, wer ich bin.

Das Herz der jesuitischen Erfahrung ist das Buch der „Geistlichen Übungen" des heiligen Ignatius von Loyola; das Herz dieses Buches ist seine erste Seite mit dem Titel „Prinzip und Fundament". Ich lese diese erste Seite mit größtem Genuß: der gradlinige Gedankengang, die klare Sprache, die unerbittliche Logik, die Vollendung in sich selbst, so daß nach diesem Anfang alles weitere beinahe überflüssig erscheint; die zwingende Einfachheit dieser Philosophie und die verborgene Wärme dieses radikalen Glaubens. Für mich hängen an diesem verehrungswürdigen Text noch die persönlichen Erinnerungen an die in vielen Jahren immer wiederholter Meditation und an die vielen Male, wo ich ihn in Exerzitien mit größtem Eifer vor faszinierten Dienern des Geistes vorgetragen und erläutert habe. Hinsichtlich der Bedeutung, der sofortigen Wirkung und der dauernden Folgen kenne ich keine andere Seite in der religiösen Literatur der Welt, die diesem Text gleichgestellt werden könnte.

Niemals kann ich die Geschichte vergessen – sie steht bei Rickaby – von dem Matrosen, der zufällig in ein Exerzitienhaus kam, ein kleines Blatt Papier mit „Prinzip und Fundemant" erhielt und darüber einige Zeit nachdenken sollte. Stunden später fand man ihn, wie er erregt in seinem Zimmer auf und ab ging und laut vor sich hinsagte: „Verdammt, das ist wahr; verdammt, das ist wahr!" Und ein gelehrter Jesuit, C. M. Cherian, dessen Schriften ich gerne lese, schrieb über seine erste Begegnung, die er als Laie mit dem Text des heiligen Ignatius hatte: „Ich erinnere mich noch lebhaft an den Abend, als ich im Bett liegend das Buch öffnete und zu lesen begann. ‚Prinzip und Fundament' machte einen außerordentlich tiefen Eindruck auf mich. Ich spürte, daß ich zum erstenmal in meinem Leben den ganzen Zweck meines Daseins klar erkannte. Ich war auch damals schon religiös eingestellt, und Anlässe wie die jährlichen Schulexerzitien hatten jedesmal einen starken Einfluß auf mich. Aber die plötzliche Einsicht und freudige Erkenntnis, die ‚Prinzip und Fundament' für mich brachten, sind unvergleichlich. Es war eine Erleuchtung, die mir geblieben ist, und ich weiß nicht einmal, ob noch irgendetwas Wesentliches durch Noviziat, Juniorat oder Philosophie hinzugekommen ist."

Der Text beginnt: „Der Mensch ist geschaffen dazu hin, Gott Unseren Herrn zu loben, Ihm Ehrfurcht zu erweisen und zu dienen und damit seine Seele zu retten." Für mich sind diese Worte so ehrwürdig, so passend und so nüchtern, daß ich sie liebe, wie sie sind, und mir keine Änderung vorstellen kann. Und so habe ich sie seit Jahren verwendet. Allerdings ist mir in den letzten Jahren klar geworden, daß sie für manche Menschen nicht so bedeutungsvoll sind wie für mich. Ein spirituell sehr begabter junger Mann faßte diese meine Befürchtungen zusammen, als er mir sagte, daß der Ausdruck „meine Seele retten" ihn persönlich nicht anspreche. Der Körper werde übersehen, nur die Zukunft stehe im Blickfeld, der Ausspruch sei zu individualistisch und fast egoistisch. Hier gehe es um ‚Rettung', wo doch Jesus eher vom Verlieren um seinetwillen gesprochen habe; und überhaupt passe es gar nicht in sein eigenes geistliches Konzept.

Es traf sich nun, daß er mir seine Einwände mitteilte, kurz bevor ich gegenüber Leuten wie ihm über diesen Text sprechen sollte, und ich hatte keine Zeit mehr, mir eine andere Form zurechtzulegen, die ihnen jene Bedeutung hätte vermitteln können, die er für mich hatte. Ich wollte die Worte für sie umformen, denn das Bedürfnis des Hörers geht über die Vorlieben des Vortragenden, aber ich wußte nicht wie, und ich mußte bald vor meine Hörer treten. So tat ich, was ich manchmal im Hörsaal getan habe, wenn ein mathematisches Problem anstand, dessen Lösung mir noch nicht klar war, nämlich die Frage klar formuliert meinem Verstand vorzulegen, mir zu vertrauen und mich dann in den Vortrag zu stürzen in der Hoffnung, daß die richtigen Worte zur rechten Zeit kommen würden. Sie kamen auch. Als ich zum Zitat des Textes kam, hörte ich mich sagen: „Gott hat mich erschaffen, um ihn zu lieben, zu preisen, ihm zu dienen ... und so ganz ich selbst zu sein."

Ich bin Körper und Seele, ich bin von Gott so gemacht worden, wie ich bin, und indem ich aufrichtig und ganz das bin, was ich nach Seinem Willen sein soll, diene ich Ihm, lobe Ihn und gebe Ihm die Ehre. Ich kann Gott nicht ehren, wenn ich nicht zuerst ich selbst bin. Das ist sogar der einzige Weg, den ich habe, um Ihn zu ehren: ganz ich selbst zu sein. Indem ich ich selbst bin, kein Abklatsch, keine Kopie oder Mumie, drücke ich in mir die Originalität meines Schöpfers aus, der sich niemals wiederholt. So muß ich also alle Möglichkeiten meines Selbst, alle Dimensionen meines Wesens, alle Facetten meines Lebens entdekken und jede einzelne in voller Verantwortung und liebender Sorge entwickeln, um keinen Teil von Gottes Offenbarung in mir, von Seiner Kunst, Seiner Macht zu übersehen.

Das führt mich wieder zu der Frage nach dem: „Wer bin ich?" in allen Bedeutungen, die sie haben kann, das heißt, zu jedem Kapitel dieses Buches und zu möglichen anderen. Das Ziel ist, mich selbst ganz zu kennen, um ganz ich selbst zu sein, und ganz ich selbst zu sein, um Gott meinen Schöpfer ganz zu ehren in Seinem einmaligen Kunstwerk, das ich bin. Das vollendete Gemälde, die fertig behauene Skulptur, die abgeschlossene Symphonie. Und auf die Fülle in der Gnade jetzt wird später die Fülle in ewiger Freude folgen, meine Erlösung.

Ignatius fährt fort: „Die anderen Dinge auf der Oberfläche der Erde sind zum Menschen hin geschaffen, und zwar damit sie ihm bei der Verfolgung des Zieles helfen, zu dem hin er geschaffen ist." Alle Dinge auf der Erde sind da, um mir zu helfen, ich selbst zu sein, damit ich alle Möglichkeiten in mir erforschen und ganz entwickeln kann. Und hier liegt der Haken. Dinge, die mir eigentlich helfen sollen, können auch zu einem Hindernis werden. Wenn ich zum Kern dieses Problems vorstoße, sehe ich, daß das immer dann eintritt, wenn etwas, das bei meinem persönlichen Wachsen eigentlich ein Teil von mir werden sollte, statt dessen zu einem Besitz mit äußerer Abhängigkeit wird, wenn ein Glied eine Krücke wird, wenn ich die Dinge und Situationen nicht in mich aufnehmen kann, sondern dazu verleitet werde, sie besitzen zu wollen, so daß sie schließlich bald mich besitzen. Nahrung fördert mein Wachstum, wenn ich sie mit Maßen zu mir nehme, aber wenn ich sie horte und als Eigenwert hochschätze, dann wird sie zur fixen Idee und zum Hindernis für mein Wachstum. Wenn ich mich mit äußeren Dingen als Äußerem identifiziere, verliere ich genau soviel von meiner Persönlichkeit, werde ich mir selbst entfremdet und sterbe schließlich. Besitz ist die größte Bedrohung für die Identität. ‚Ich habe' ist der größte Feind des ‚Ich bin'. Raffen ist das Gegenteil von Sein. Ich habe, erreiche, besitze, ich beherrsche ... ist der klägliche, aber nur zu häufige Ersatz für das einfache und klare Ich bin. Sie sind Verkleidungen, Masken, Krücken. Ignatius nennt Geld, Ruhm, Gesundheit und ein langes Leben als die wichtigsten Beispiele.

Nehmen wir die Gesundheit. Verstanden als ein gesunder Körper, als Teil von mir, als Widerspiegelung der Ganzheit meiner Seele, als liebevolle Pflege und verantwortungsvolle Sorge ist sie der spontane Ausdruck meiner Person, meiner wahren Identität. Das ist Wachstum und Freude und Erfüllung. Das bin ich. Doch wird die Gesundheit zur fixen Idee, übermächtig in meinem Selbstverständnis, ein eigenes Ziel in sich, ein Idol, ein Fetisch, dann verkehrt sie sich in ihr Gegenteil, wird zerstörerisch und hemmt die Arbeit, läßt das Leben verkümmern und verkrüppelt die Seele. Das bin nicht ich. Das ist mein ‚Gebilde' außerhalb von mir, das mich ergreift und unterjocht. Es ist Verlust der Identität und Sklaverei. „Und folgerichtig so in allen übrigen Dingen", sagt Ignatius.

„Darum ist es notwendig, uns allen geschaffenen Dingen gegenüber gleichmütig zu verhalten ..." Das ist die vielgepriesene und viel geschmähte ‚Ignatianische Indifferenz' vor Reichtum oder Armut, Gesundheit oder Krankheit, Ehre oder Schmach, langem oder kurzem Leben. Dieser Gleichmut geht weit über Loslösung und Offenheit hinaus und ist grundverschieden von jeder Art von Stoizismus oder Apathie; er ist etwas viel Tieferes und Reicheres, das ich jetzt klar definieren kann als das Gleichgewicht meines Seins, die Transparenz meiner Seele, das Ich-selbst-sein, in Frieden mit mir selbst sein, in Berührung sein, alles, was ich bin, in bewußter Fülle und seliger Freiheit sein, ohne daß ich dabei irgendeinen Teil meines Wesens, den Gott gewollt hat, vergäße. Dann sehe ich mit Klarheit und wähle in der Gnade den richtigen Weg zur richtigen Zeit. Wenn ich ich selbst bin, kommt alles von ganz alleine an den rechten Platz, es paßt und wird leicht, selbstverständlich und gerecht. Wenn ich wahrhaft ich selbst bin, ganz ich selbst, in Freiheit ich selbst in dem umfassenden Blick auf Gnade, Natur, Körper, Seele, Berufung, Familie, Gesellschaft, Arbeit, Freunde, Glauben, Gehorsam, Kirche, Gesetz, Gefühle, Priestertum, Vergangenheit, Gegenwart und Zukunft, Leben und Tod, Zeit und Ewigkeit, dann erwerbe ich mir auch fast natürlich, spontan und unausweichlich die Weisheit, dasjenige zu „ersehen" und die Kraft, es zu „erwählen", „was uns mehr zum Ziele hinführt, auf das hin wir geschaffen sind".

Indem ich unter Gottes liebendem Blick und in seiner Gnade ganz ich selbst bin, kann ich auch jeden Augenblick bereit sein, das zu wählen, was ich wählen soll, und der zu sein, der ich sein soll.

Und so ist dieses Buch, so überraschend das auch manchem Leser erscheinen mag, mein persönlicher Kommentar zu dieser einen Seite „Prinzip und Fundament" der „Geistlichen Übungen" des heiligen Ignatius von Loyola. – Ich bin, wie gesagt, Jesuit.

8 *Ich bin Priester*

Die Gestalt des Melchisedek hat mich immer fasziniert. Muß es nicht verwundern, daß er als Heide, als Ungläubiger, als einer, der nicht dem auserwählten Volk angehörte, von Gott dazu bestimmt war – wie kein anderer Führer, Prophet oder Priester der Israeliten – die ewige Würde des Priestertums im Urbild zu verkörpern. In seiner Gestalt und persönlichen Prophezeiung verweist Melchisedek auf das Priestertum des Messias – und somit auf das Heiligste bei Jesus selbst: sein Priestertum, sein Opfer und seine Eucharistie. Er war König und Priester und opferte Brot und Wein, diese zum Leben wichtigsten Dinge und zugleich Symbole für Leib und Blut (vgl. Gen 14, 18–20). Nur für seine Begegnung mit Abraham wird er im Alten Testament eingeführt, aber er war größer als Abraham, denn er erhielt von jenem „den Zehnten"; er segnete Abraham und „zweifellos wird aber immer der Geringere von einem Höheren gesegnet" (Hebr 7, 7). Nach dieser für Abraham und das Volk Israel so wichtigen Begegnung verschwindet Melchisedek plötzlich und spurlos aus dem ersten Buch der Bibel, er geht von Schweigen zu Schweigen als gewissenhafter Hüter seines Geheimnisses und trägt mit sich das Mysterium des höchsten Amtes auf Erden.

Kein Wunder, daß der Autor des Hebräerbriefes von ihm ergriffen ist und das große Thema des ewigen Priestertums Jesu um die Figur des Melchisedek webt, aber gleichzeitig zugibt, daß es „schwer verständlich zu machen" ist (Hebr 5,11). Es ist nicht leicht, über das Priestertum zu sprechen, und schon diese Schwierigkeit bezeugt die Tiefe seiner Bedeutung und die Einzigartigkeit seiner Erfahrung.

Zu Beginn einer Exerzitienwoche für Priester schlug ich am „Schwarzen Brett" acht Themen für die Konzelebration der Eucharistie an, eines für jeden der acht Tage; Freiwillige sollten sich melden für die nächste Gestaltung der Meßfeier und für eine kurze Auslegung des jeweiligen Themas. Für jeden Tag gab es sehr rasch eine Meldung, nur für einen nicht: es war der Tag, an dem es um das Priestertum ging. Als ich die Teilnehmer darauf aufmerksam machte, wurde klar, daß niemand sein Priestertum unterschätzte, vielmehr die Tiefe und Innigkeit der priesterlichen Erfahrung es schwierig machten, vor anderen darüber zu sprechen.

Der Hebräerbrief hebt deutlich hervor, daß Jesus nicht aus dem Priesterstamm Levi kam. Für uns heute bedeuten die Stämme Israels nichts, aber für die Juden jener Zeit war ein Mann mit seiner Stammeszugehörigkeit auch in seinen Verpflichtungen und seinen Funktionen festgelegt, ähnlich wie er es heute in Indien durch seine Kaste ist. So betont der Hebräerbrief, wenn Jesus aus dem Stamm Levi gekommen wäre, wäre er ein Levitenpriester gewesen, d.h. Mitglied eines rein auf Ritus, Kult und Zeremonie ausgerichteten Priestertums. Aber Jesus gehörte zum Stamme Juda, „und diesem hat Mose keine Priestersatzungen gegeben" (Hebr 7,14). Damit wird deutlich, daß sein Priestertum etwas Neues, Lebendiges und ganz anderes war. Ebenso ist es mit unserem Priestertum.

Zwei Begegnungen kennzeichnen nach dem Hebräerbrief das neue Priestertum: eine von Gott zum Menschen und eine vom Menschen zu Gott gehende; einerseits die Aufgabe, die Menschheit vor Gott zu vertreten, und andererseits die Sendung von Gott zu den Menschen. Beides zusammen macht den Priester aus. Wenn ich das Gotteshaus betrete, tue ich es nicht allein. Selbst bei der stillen Betrachtung, bei einer „privaten" Messe, beim Breviergebet bin ich mir bewußt, daß ich mit der ganzen Menschheit verbunden bin, daß ich beladen bin mit den Sorgen aller Menschen. Und wenn ich vor die Menschen trete, eine Familie besuche, eine Versammlung begrüße oder auch nur eine Hand schüttle oder einen Blick erwidere, dann weiß ich von der Anwesenheit des Vaters in mir. Das Priestertum verleiht das Bewußtsein der Vaterschaft, befähigt zu einer mehr als menschlichen Sorge und Liebe, berechtigt dazu, in seiner Person, seinem Wort und seiner Anteilnahme die liebende Fürsorge Gottes für jeden Menschen gegenwärtig zu machen. Das christliche Priestertum geht nicht nur über Levi, sondern auch über Melchisedek hinaus und reicht in das Geheimnis des Herzens Jesu.

Ein junger Hindu hat mir dabei geholfen, meine Rolle als Priester besser zu verstehen. In einer einschneidenden Krise in seiner Jugend konnte ich ihm beistehen, wofür er sehr dankbar war. Eines Tages sagte er mir: „Ich habe von Ihnen mehr Zuneigung und Hilfe erfahren als von meinem Vater. Ich meine, ich wäre Ihr Sohn. Vielleicht waren Sie in einem früheren Leben mein Vater und ich war Ihr Sohn." Ich gab zur Antwort, daß er recht haben könne, nur wollte ich nicht mit ihm über meinen Stand im früheren Leben spekulieren, wenn ich dabei alle Leute einordnen müßte, zu denen ich jetzt eine besondere Beziehung in diesem Leben habe. Die Wurzel des priesterlichen Charismas liegt woanders, ist aber trotzdem Wirklichkeit. Der junge Hindu hatte das gespürt und so gut er konnte ausgesprochen.

Als die Zeitschrift „Gujarati Digest" einige Artikel von mir abdrucken wollte, aber nicht die Bezeichnung „Pater" vor meinem Namen wünschte, entschied ich mich dafür, diese Beiträge zurückzuziehen. Man gab schließlich nach, und die Artikel erschienen doch mit vollem Namen und Titel. Es ging mir dabei nicht um Würde oder Titel, vielmehr wollte ich meinen Hindu-Lesern etwas davon andeuten, was die katholische Tradition mit dem Wort „Pater" verbindet. Und unter diesem Namen und Titel bin ich jetzt in Gujarat bekannt.

Das Priestertum kann eine solch verwandelnde Erfahrung sein, eine so bereichernde Gabe, daß gerade dieser Reichtum zur Gefahr wird. Selbst von einem „normalen" Beruf wie Lehrer oder Rechtsanwalt habe ich vorhin gesagt, daß er die Gefahr der Überidentifikation mit sich bringen kann und denjenigen, der diesen Beruf ausübt, schließlich einengt und hemmt, statt ihn wie zuerst wachsen zu lassen. Das Priestertum ist mehr als eine Berufstätigkeit und hilft mir deshalb mehr zu wachsen – wie es aber auch gerade deshalb das Wachstum und die Entwicklung zur Persönlichkeit um so mehr behindern kann. Das „Ich bin Priester" kann alle anderen Aspekte des Selbstverständnisses so sehr überschatten, daß es sie schließlich verdrängt. So kann der „Vater" in mir den Menschen verdrängen.

Auch im besten Fall bringt das Priestertum Einsamkeit mit sich. Doch sieht man tiefer, ist Einsamkeit nicht allein den Priestern vorbehalten. Jeder Mensch ist im Grunde einsam und allein.

Auch Jesus war einsam: Er verbrachte Nächte allein, ging unterwegs der Gruppe seiner Jünger allein voraus; da ist auch die auffallende Distanz zu seiner Mutter; die Scheu, die die griechischen Besucher ergriff, die sich über Philippus an Andreas wenden mußten, um zu Jesus vorgelassen zu werden; seine Fremdheit, die die Leute beunruhigte (vgl. Joh 10, 12); sein Glanz, der Petrus auf dem Berge Tabor außer sich brachte; seine Schweigsamkeit vor dem Hohen Rat, die Pilatus verwunderte und Herodes verängstigte. Der Mann, der für ihn das Kreuz trug, war ein Fremder, der dazu gezwungen werden mußte, und die Jünger, die mit ihm am Ölberg wachen sollten, schliefen ein.

Er war der Menschensohn in einem Sinn, wie es kein Sohn eines Menschen ist; er mußte in sorgsamer Unterscheidung sagen: „mein Vater und euer Vater, mein Gott und euer Gott" (Joh 20, 12), statt einfach nur „unser Vater und unser Gott"; Jesus war allein, weil er einzigartig war, und diese Einsamkeit, die zu seinem Wesen gehörte, war Zeugnis und Ausdruck seiner radikalen Transzendenz. Und am Ende das tiefe Geheimnis von Golgotha, da sich Jesus bei seiner letzten Prüfung vom Vater verlassen fühlt und buchstäblich zwischen Himmel und Erde hängt – ein bestürzendes Bild letzter Einsamkeit des Menschen auf dieser Welt.

Ich liebe Gesellschaft und kann Einsamkeit ertragen, ich schätze Vertrautheit und kenne die Kraft, die sie vermittelt, und die Freude, die sie in die Menschenherzen bringen kann. Doch ich kenne auch jene Zeiten, jene Stunden und Augenblicke der Dunkelheit, da Einsamkeit regiert und das Herz in unberechenbarer Laune jede Verwandtschaft verwirft, alle Bindungen aufgibt, jede Freundschaft leugnet und allein, ängstlich und hilflos im Schatten seiner Erbärmlichkeit steht. Das einsame Kind. Die eiskalte Nacht. Das schweigende Universum. Jeder Mensch ist eine Insel.

Ich stehe in der Wartehalle eines großen modernen Flughafens, habe die Kontrollen hinter mir und von allen Abschied genommen, die mich begleiteten und bis zum letzten Moment bei mir waren. Ich bin noch nicht an Bord des Flugzeuges gegangen, wo Durchsagen und Anordnungen, angebotene Stärkungen oder ein Film mich von mir selbst ablenken werden, bis ich aus schierem Selbstschutz die Augen schließe und einschlafe. Ich stehe immer noch in der Halle wie betäubt, irritiert, befremdet. Mein Handgepäck habe ich vor mir hingestellt, meine Bordkarte steckt in meiner Brusttasche und mein Reisepaß, meine Fahrkarte und mein Geld sind in den Taschen meiner Kleidung verteilt. In Gedanken versuche ich vergeblich, mir die verschiedenen Verstecke gleichzeitig einzuprägen. Ich bin allein, mein Herz ist nur noch eine Uhr. Mein Mund ist trocken. Meine Augen sehen hundert Gesichter, aber keinen Menschen. Meine Beine gleichen festgenagelten Holzstümpfen. Meine Hände hängen schlaff herab, als hätten sie nie zuzupacken gehabt. Ich habe kein Gesicht, habe keine Vergangenheit und keine Zukunft. Ich bin niemand, weil niemand mich kennt. Würde mir meine Flugkarte genommen, wollte ich hier sterben, außerstande, vor oder zurück zu gehen – ein anonymer Märtyrer in einer Glaskatakombe. Ich weiß nicht, wie viele Jahre vergangen sind, seit ich die Halle betreten habe und wieviele noch vergehen werden. Ich bin allein, unbekannt und ohne Freunde. Mit Bitterkeit trinke ich die Ängste meiner Einsamkeit. Einige der trübsinnigsten Stunden meines Lebens habe ich in den Wartehallen ausländischer Flughäfen zugebracht.

Vaterschaft und Einsamkeit, Opfer und Erfüllung. Ich gehöre zu jeder Familie, ohne einer wirklich anzugehören. Man vertraut sich mir an, ohne daß ich darum bitten würde. Ich vergebe die Sünden mit dem Zeichen einer Hand, die selbst gesündigt hat. „Erbarmend" und „mitfühlend" sein und zugleich „treu" und „makellos" – das alles sind Worte, die im Hebräerbrief stehen. Und dort steht auch der Satz von der Stärke und Gewißheit des Eides, durch den Gott die heilige Sache des Priestertums erhalten wird, als ein Versprechen der Gnade und ein Siegel seiner Treue: „Der Herr hat geschworen, und nie wird es ihn reuen: Du bist Priester auf ewig nach der Ordnung Melchisedeks" (Hebr 7, 17).

9 *Ich bin der Hüter meines Bruders*

Am Ende des ersten Kapitels sprach ich über den Zusammenhang zwischen Selbsterkenntnis und meiner Beziehung zu anderen Menschen. Ich stellte fest: je besser ich mich selbst kenne, desto größer ist der Wert meines Lebens für andere; je mehr ich ich bin, desto besser kann ich anderen dienen und eine Hilfe sein. Auf dieses wichtige Thema will ich im folgenden etwas näher eingehen. Es ist doch tatsächlich so, daß ich mich selbst nicht wirklich kennen kann ohne den Bezug zu anderen, ich kann nie ganz ich selbst sein, wenn ich nicht auch aufrichtigen Herzens für meine Mitmenschen da bin nach dem Vorbild Jesu, dessen Leben heute mehr denn je als ein „Dasein für die anderen" gesehen wird. So muß ich bei mir die Dimension der Verantwortung, der Hingabe und des Dienstes entdecken, wenn ich der werden will, der ich sein soll. Mein Nächster – und das ist heute die ganze Menschheit – bildet einen untrennbaren Teil von mir.

Wieder ziehe ich einen Satz des heiligen Ignatius zu Rate, in dem er das Ziel seiner Gesellschaft beschreibt: „Nicht nur die Rettung und Vervollkommnung unserer eigenen Seele durch die göttliche Gnade, sondern auch die entschiedene Hingabe an die Erlösung und Vervollkommnung anderer durch dieselbe Gnade." Ich habe schon davon gesprochen, daß ‚Erlösung und Vervollkommnung der Seele' für mich

,Fülle im Jetzt' bedeutet, die unter derselben göttlichen Gnade dereinst zu ,ewiger Fülle' reifen wird. Die Kommentatoren des heiligen Ignatius weisen darauf hin, daß hier das Wort ,Ziel' interessanterweise in der Einzahl gebraucht wird und nicht in der Mehrzahl. Für Ignatius sind die ,Erlösung und Vervollkommnung meiner Seele' und die ,Rettung und Vervollkommnung anderer' nicht zwei getrennte Ziele – so eng sie auch miteinander verbunden und voneinander abhängig sind –, sondern ein einziges Ziel. Dies bedeutet wiederum, daß ich meine eigene ,Rettung und Vervollkommnung' nicht erlangen kann, wenn ich mich nicht entschieden für die Rettung und Vervollkommnung anderer einsetze. Das heißt nach meinem Verständnis, daß ich nicht ganz ich sein kann, wenn ich nicht entschieden und mit Hingabe für die anderen da bin. Die Umkehrung ist genauso wahr: Ich kann nicht eigentlich für andere da sein, wenn ich nicht wirklich ich selbst bin. Das alles steht längst in den Schriften des heiligen Ignatius, doch ist es in Vergessenheit geraten, so daß das eigene Wachsen, die eigene Entwicklung und das „Dasein für andere" oft für entgegengesetzte Ziele angesehen werden.

Mein Wachsen hilft anderen, und andere helfen mir wachsen. Niemals hätte ich dieses anstrengende Pensum von Übung und Arbeit, das meine ganze Kraft gefordert und mein Leben ausgefüllt hat, auf mich genommen, wenn ich nicht überzeugt gewesen wäre, es letztlich zu tun, um anderen damit zu helfen. Jesus sagt: „Was ihr einem von diesen Kleinen tut, das tut ihr mir." Das ist ein grundlegender Wert in meinem Leben, der mich anspornte, zu studieren, zu lernen und zu lehren; ich schrieb, predigte und gab Rat, besuchte Menschen und tat alles, was ich konnte – vieles vermochte ich leider nicht.

Dazu gehört, daß ich Menschen für eine gemeinsame Sache nicht zusammenzuführen vermag, ebensowenig wie ich auch nicht organisieren, Geld beschaffen, Bücher führen, Berichte schreiben und greifbare Erfolge erzielen (oder wenigstens glauben machen, sie erzielt zu haben) kann. Viele scheinen das sehr gut zu können, doch dafür bin ich einfach nicht geschaffen, wenngleich ich es ernsthaft versucht habe. Es macht mir besonderen Spaß, mich selbst für etwas zu loben, für das kein anderer mich lobt. Dazu gehört auch, daß ich vor vielen Jahren einen Sozialdienst des St. Xaver Colleges gründete zur Unterstützung der Armen der Stadt. Jeden Sonntag nachmittag nahm ich mein Fahrrad und fuhr mit einer Gruppe von Studenten in ein Elendsviertel der Stadt. Wir spielten dort mit den Kindern, sprachen mit jungen Leuten, gingen in die Hütten, saßen bei den Alten und taten oft nichts Konkretes, außer daß wir versprachen, am nächsten Sonntag bestimmt wiederzukommen. Es gelang mir lediglich, die Liga so lange am Leben zu halten, daß man es gespürt hätte, wenn sie auf einmal nicht mehr da gewesen wäre. Als ich daher wegen erwiesener Unfähigkeit die Leitung aufgeben mußte, wurde sie einem anderen übertragen, der die Liga dann zu einer festen Einrichtung ausbaute, die später sogar Nachahmer in der Stadt fand.

Später tat ich etwas, das mir von vornherein auch nicht lag, das sich aber als eine interessante Arbeit und als eine tiefgreifende Erfahrung in meinem Leben erwies. Ich lebte mit armen Hindufamilien der Stadt zusammen, bat an den Türen um Gastfreundschaft, blieb mehrere Tage und Nächte in dem Haus, in dem man mich ohne Geld aufgenommen hatte, und teilte mit der Familie so, als gehörte ich zu ihr, das Leben.

Ins College ging ich nur, um wie gewohnt meinen täglichen Unterricht zu geben. Zehn Jahre lang lebte ich so. Kleine Häuser mit nur einem Raum, den sich Erwachsene und Kinder teilten und in dem am Abend zum Schlafen Matten auf dem Boden ausgebreitet wurden, für die Männer im einzigen „Wohn"-zimmer, für die Frauen in der Küche. Dort arbeitete und betete ich, bereitete mich auf den Unterricht vor und schrieb meine Bücher. Hier konnte ich den Alltag der einfachen Leute in den Armenvierteln mit seinen Sorgen und Freuden, dem Lärm der Kinder und dem Streit der Eltern, die vielen Nöte und die indische Religiosität miterleben. Ich war Augenzeuge, nahm alles tief in mir auf, litt und freute mich mit ihnen. Ich predigte nicht, sondern hörte nur zu, versuchte zu verstehen und war einer von ihnen. Und bald tauchten – ohne daß ich es mir vorgenommen hatte – aus persönlicher Betroffenheit ihre Probleme in den Spalten der zwei wichtigsten Gujarati-Zeitungen von Ahmedabad und Bombay auf, für die ich seit vielen Jahren schreibe. Diese Beiträge haben auch ein wenig dazu beigetragen, Bewußtsein und Zuwendung, soziales Gewissen und öffentliche Anteilnahme für die vordringlichsten Probleme der einfachen Leute zu wekken. Ich erhalte darauf Besuch und Post, Bitten um Hilfe in allen menschlichen Nöten, Tränen und vertrauliche Mitteilungen, Freude, Dankbarkeit und manchmal auch Beschimpfungen, zum Beispiel auch deswegen, weil ich in meiner Wochenendspalte die in erschreckendem Maße wachsende Not der Armen allen vor Augen stellte. Man ist nicht gern daran erinnert, daß es neben einem Menschen gibt, die leiden. Deshalb zähle ich es zu meinen wichtigsten Aufgaben, das Bewußtsein für Ungerechtigkeit und Not zu wecken. Wer die Augen verschließt, kennt meist die Schwäche seiner Einstellung – und schreibt anonym.

Demgegenüber berichte ich hier gern von einem guten Kollegen, der mir eines Tages ziemlich verzagt sagte: „Hör mal! Wenn Du nicht damit aufhörst in der Zeitung zu schreiben, gibt es bei mir zu Hause keinen Frieden mehr." „Warum?" fragte ich ganz überrascht, und er erklärte mir: „Jeden Sonntag, wenn am Morgen die Zeitung kommt, ist meine Frau die erste, die deinen Artikel liest und ihn mir dann triumphierend unter die Nase hält. „Lies mal! Das ist genau für dich geschrieben! Es paßt Wort für Wort auf dich. Jetzt weißt du, was bei dir nicht stimmt und was du ändern mußt. Fang damit an!" Und mein Sonntag ist verdorben, bevor er überhaupt angefangen hat. Du sagst, du schreibst, um die Familien glücklich zu machen; könntest du nicht damit aufhören, um meine Familie glücklich zu machen?" Ich schlug ihm zunächst vor, die Zeitung einfach abzubestellen. Doch dann tat ich etwas Besseres. In meinem nächsten Artikel in dieser Zeitung ging ich auf die Ehefrauen ein, die meine Artikel dazu benutzen, ihre Männer anzugreifen – und gespannt wartete ich auf die Reaktion meines Kollegen am Montag. Ein Lächeln sagte alles. Seine Frau hatte die Zeitung versteckt ... und er hatte sie gefunden. Friede war wieder in ihr Heim eingekehrt.

Mit meiner Arbeit möchte ich den Menschen dabei helfen, sich von den Fesseln ihrer Vorurteile, Komplexe und Ängste, von Aberglauben und Routine, falschen Erwartungen, Minderwertigkeitsgefühlen, Einsamkeit, übersteigertem Ehrgeiz und Mutlosigkeit und Verzweiflung befreien, die Last der Unfreiheit abzuschütteln, die die Sinne gefangenhält und das Leben verkümmern läßt. Ich bin froh, wenn ich sehe, wie ein junger Mann nach einer Krise wieder lächelt, wie die Tränen einer Frau langsam trocknen, wie ein Paar sich versöhnt, ein Vorurteil abgebaut, eine Furcht überwunden, eine Ungerechtigkeit ans Licht gebracht oder das Licht der Hoffnung in einem müden Herzen wieder entzündet wird. Die verkrüppelte Frau aus dem Evangelium, die geheilt wurde und wieder aufrecht stehen konnte – das ist Erlösung.

Es stärkt mich zu wissen: Ich bin nicht allein. Ich habe Brüder, die in vorderster Linie stehen und die Schlachten schlagen. Überall gibt es Mitbrüder, die sich selbstlos den großen Problemen unserer Erde stellen, der Armut, der Ungerechtigkeit und Unterdrükkung, und die ein neues Zeitalter eröffnen, indem sie sich an die Seite derer stellen, die nichts haben, und mit ihnen für Freiheit und Gleichheit, Würde und Gerechtigkeit eintreten. Sie leihen denen ihre Stimme, die keine haben, und vereinigen die Verstreuten, sie führen die Richtungslosen und erinnern die Welt an das Leid und den Hunger, die durch die Habgier der Menschen inmitten eigennützigen Reichtums verursacht werden. Diese Vorkämpfer der Armen führen ein Leben voller Härte und Gefahr. Und diese Menschen sind meine Brüder, und ihre Anliegen sind meine. Ich möchte ihre Arbeit zu meiner machen, indem ich ihnen hier meine Bewunderung, meine Dankbarkeit und meinen brüderlichen Stolz ausspreche für ihre Hingabe, ihre Großherzigkeit und dafür, daß sie sich mit denen identifizieren, deren Not am allergrößten ist, und das zu einem Zeitpunkt, wo die Menschheit ein neues Gewissen und ein neues Herz braucht.Ich empfinde ihre Arbeit als die meine und möchte auch gern glauben, daß sie mein Werk als ihres nehmen und daß wir alle zusammenarbeiten, jeder so, wie er es am besten versteht, Glück in die Herzen der Menschen zu bringen.

Ich kannte einen alten Mitbruder, der viele Jahre lang ein recht eintöniges Leben geführt und keine großen Leistungen aufzuweisen hatte. Doch besaß er die ungewöhnliche Fähigkeit, sich aufrichtig über die Erfolge seiner Brüder zu freuen. Er war nicht besonders begabt, was er auch wußte, aber er konnte sich jedes gute Werk oder jede besondere Leistung eines Mitbruders zu eigen machen. Mit der Einfalt eines Kindes freute er sich über jede gute Nachricht, jeden Bericht und jede Feier des Erfolges eines anderen. Ich sagte oft zu ihm, daß Gott ihn reichlich belohnen werde, denn bei der letzten Abrechnung würde er die vielen guten Werke anderer, die er sich zu eigen machte, indem er sich über sie freute, auch als die seinen verbuchen. Sein liebenswertes Talent war jedoch mit einer kleinen Einschränkung verbunden: Er konnte sich nur über das Werk eines anderen freuen, wenn es das Werk eines Jesuiten war; war es das Werk eines anderen Priesters ... dann fehlte etwas. Ein Schatten, von dem er sich nie ganz lösen konnte, obwohl ich ihn oft und gern damit neckte. Auch ein Charisma wird durch unsere Eigenheiten eingeschränkt. Dennoch ist die Fähigkeit dieses alten Mannes, sein Leben mit den Leistungen anderer zu erfüllen, zu bewundern. In diesem Geist möchte ich auf meine Arbeit schauen –

schätzen, was ich tue, und in Achtung und Freude mir zu eigen machen, was andere um mich herum tun. Auf diese Weise helfen andere mir zu wachsen.

Nun aber doch noch kurz die andere Richtung: Mein Wachsen hilft anderen. Negativ gesagt wird dieser Satz noch deutlicher: Mein mangelndes Wachstum wird den anderen mit Sicherheit schaden. Wenn ich unreif, unsicher und unzufrieden bin, wenn ich meine Bedürfnisse nicht kenne und meinen Gefühlen gegenüber taub bin, dann werde ich allen, die um mich sind, dadurch nicht wenig schaden, daß ich ihnen meine Bedürfnisse auflade, meine Komplexe an ihnen auslasse, gegenseitige Abhängigkeiten schaffe, Menschen mißbrauche und sie in welcher Hinsicht und mit welchen Mitteln auch immer manipuliere, und das alles, ohne es zu merken. Ich bin ein Werkzeug der Gnade, und die Mängel dieses Werkzeugs können ein Hindernis für die Gnade sein. Ein reifer Mann sagte mir einmal: „Hätte ich mich vor dreißig Jahren so gekannt, wie ich mich heute kenne, dann hätte ich mir selbst viel Kummer erspart ... und den anderen auch."

Positiv ausgedrückt: Ich kann meinem Nächsten keinen besseren Dienst erweisen, als das Beste aus mir zu machen, das möglich ist, frei, ausgeglichen, heiter und herzlich, ungezwungen und spontan, aufrichtig und feinfühlig, fest und nachsichtig, sicher und demütig. So werde ich eine Hilfe sein, wo immer ich auch bin. Meine Erlösung wird der ‚Erlösung' meines Nächsten dienen. Auf diese Weise hat der Dienst an anderen eine zweifach wohltuende Wirkung: daß ich mir selbst helfe, wenn ich anderen helfe, und helfe ich anderen, so helfe ich mir selbst. Wer sich weigert, seines Bruders Hüter zu sein, weigert sich, er selbst zu sein. Selbstsucht ist Selbstmord.

Dienst an anderen ist ein menschlicher Wert, ein christlicher Wert. Indem ich ihn in mein Leben aufnehme, versuche ich, ein besserer Christ und ein besserer Mensch zu werden.

10 *Ich bin mein Körper*

Wie könnte ich dich vergessen, „Bruder Leib", wenn ich über mich spreche? Du bist doch ein Teil von mir, ein untrennbarer, vertrauter, ein fühlbarer Teil von mir. Ohne dich habe ich kein Gesicht, habe ich keine Geburt, ohne dich bin ich nicht ich. Ich habe sogar ein schlechtes Gefühl, wenn ich von ‚dir' und ‚mir' spreche, von ‚Seele' und ‚Leib', als wären das zwei verschiedene, entgegengesetzte, feindliche Teile von mir. Unglückselige Griechen, die uns so zu sprechen lehrten! Ich lehne diese Grammatik ab, die sagt „er *ist* eine gute Seele", aber „er *hat* einen schönen Körper", und demnach so tut, als sei der Mensch bloß eine Seele, die zufällig auch einen Körper besitzt, so wie er auch ein Möbelstück oder einen Pelzmantel besitzen kann; oder die bedenkenlos sagt: „keine einzige Seele war da" oder: „ein Dorf mit zweihundert Seelen", als zähle der Körper eines Menschen nichts.

Diese verkehrte Grammatik ist nur der sprachliche Ausdruck eines tiefsitzenden Vorurteils gegen dich, „Bruder Leib", als etwas Abgetrenntes, Zufälliges, Verfügbares und, da rein biologisch, auch Abzuwertendes. Noch schlimmer gilt der Körper als der Sitz allen Übels, der Leidenschaften, der bösen Begierden, als das „Fleisch", das sündig, während der „Geist" heilig ist. Sie drängten dich, „Bruder Leib", in die Rolle des Bösewichts, und sie übersahen dabei deine Unschuld, deine Ausgewogenheit, deine Intuition, sie vergaßen die Weisheit deiner Instinkte und die Sicherheit deiner Sinne, sie nannten dich eine Gefahr, eine Bedrohung, einen Feind, sie beleidigten dich und suchten dich zu verkrüppeln.

Sie lehrten mich, dir zu mißtrauen, dich wachsam zu beobachten, dich unter Konrolle zu halten und dich zu unterwerfen. Weißt du noch, „Bruder Leib", wie ich dich auspeitschte nach mittelalterlicher Art, die nackte Haut mit einer geknoteten Peitsche, viermal die Woche, montags, mittwochs, freitags, samstags und an den Vorabenden der Feste, bevor ich zu Bett ging, im rhythmischen Ritual bußfertiger Sühne? Und wie ich mich am Morgen derselben geheiligten Tage dahinschleppte, die Bußkette eng und fest um das lebendige Fleisch meines linken Schenkels geschnürt, und die feinen Eisendornen fraßen sich bei jedem hinkenden Schritt scharf in meine Muskeln? Ich fragte dich nie, wie du dich damals fühltest, ich wollte nicht auf dich hören, ich zog dich nicht ins Vertrauen. Ich tat ganz einfach, was mir befohlen worden war, was alle anderen taten und was ohne allen Zweifel als das Richtige und Vernünftige galt. Den Körper unterwerfen und zähmen. Den Feind besiegen. Damals kam mir nie der Gedanke, daß du eigentlich mein allerbester und natürlicher Freund warst.

Doch ich möchte über meine Vergangenheit nicht richten, körperliche Bußen nicht verdammen und noch weniger mich selbst, weil ich sie ausgiebig geübt habe. Ich möchte einfach diesen Zeitabschnitt meiner Beziehung zu dir noch einmal durchgehen, um mir klarzumachen, daß ich all dies getrennt von dir tat, daß ich keinen Kontakt zu dir hatte. Ich hatte nicht gelernt, dich zu fühlen, auf dich zu hören, mich mit dir auszutauschen; wir waren damals Fremde füreinander trotz unserer Nähe. Und ich traf Entscheidungen über dich, ließ dich hungern oder wachbleiben oder dich vor Schmerzen winden, ohne je einen Gedanken an deine eigenen Gefühle oder an dein eigentliches Wohlergehen zu verschwenden. Ich hatte noch nicht gelernt, dein Partner zu sein.

Noch schädlicher als die vereinten Bemühungen, dich zu unterwerfen, war für meine Beziehung zu dir eine andere Einstellung, die mir eingeimpft wurde und die viele Jahre erhalten blieb: daß ich dich einfach ignorierte. Der Leib sei dir egal. Kümmere dich um geistliche Errungenschaften und intellektuelle Arbeit, ganz gleich was mit dem Körper geschieht. Gebet und Studien zählen, der Körper ist unwichtig. Fang an, er muß mitziehen.

Ich ließ dich buchstäblich beiseite. Ich stand früh auf, kniete stundenlang bewegungslos im Gebet, saß den größten Teil des Tages auf harten Stühlen, schlang meine Mahlzeiten herunter, fast mit Verachtung für die Speisen und mit Bedauern, daß ich überhaupt essen mußte, und eilte dann wieder zu meinen Büchern, unerbittlich im Streben nach Wissen und Vollkommenheit. Und niemals hielt ich inne, um zu überlegen, was dir geschah, was deine rechtmäßigen Bedürfnisse waren, wie du gesund und stark werden könntest und wie du glücklich werden würdest. Für mich gab es dich einfach nicht – und dennoch, in dieser ganzen Zeit warst du ich.

Der Augenarzt, der in seinem Verlangen, der Kirche zu dienen, mich und meine Mitbrüder unentgeltlich behandelte, fand bei uns eine Korrelation zwischen dürftiger Ernährung und nachlassender Sehkraft und wollte darüber eine Statistik veröffentlichen. Zwar hinderten unsere Oberen ihn daran, unseren Fall zu beschreiben aus Furcht vor der Schande, die eine solche Enthüllung mit sich bringen würde, doch an der Tatsache gab es nichts zu bezweifeln. Vollwertiges und ausreichendes Essen gab es in Spanien nach dem Krieg nicht leicht und unser wachsender Organismus spürte den Mangel. Auch der Strom wurde damals oft abgestellt, und zum Lesen erhielt jeder nur eine kleine Unschlittkerze. Griechische Texte in einer Ecke bei flackerndem Kerzenlicht zu entziffern, ein ovaler Fleck von gelblichem Licht auf einer Seite von Hieroglyphen – das war Gift für die Augen. Einige meiner Gefährten, deren Frömmigkeit größer war als meine, gingen in die Kirche und beteten, wenn das Licht ausging. Ich las weiter. Und wenn es meine Augen verbrannte – ich wollte Griechisch können. Griechisch zu können war mir wichtiger als gesunde Augen zu haben. Seitdem trage ich eine Brille. Du hast also gesehen, wie ich dich vernachlässigt habe, „Bruder Leib", und wie du bei meinen Entscheidungen immer an letzter Stelle standest – oder eigentlich überhaupt nicht beachtet wurdest.

Und dann die Sexualität – die Sünde schlechthin. Mit ihr wurdest du gleichgestellt. Die Sünde des Fleisches. Die Last des Körpers. Scham, Schuld, Skrupel, Furcht. Wir waren nahe daran zu bedauern, daß wir einen Leib hatten, geschlechtliche Wesen und keine Engel waren, die wir doch nachahmen sollten. Engelhafte Reinheit. Sterilität der Gefühle. Je weniger Beachtung wir dem Körper im Leben schenkten, desto besser. Wie konnte ich mich mit dir anfreunden, wo du doch der Feind in meinem eigenen Innern warst, der versteckte Spion, der Agent Satans? Das wurde ich gelehrt, so wurde ich geschult. Jetzt, wo ich dich so gut kennengelernt habe und dich liebe, kommt es mir seltsam vor, daß ich mich damals, eine sehr lange Zeit, deiner geschämt haben soll, daß ich rot wurde bei sexuellen Regungen und mich vor meiner Männlichkeit fürchtete. Du verstehst, was ich meine, nicht wahr? Ich sehe heute ein, daß die Vertrautheit mit dir, so wie bei allem, erst gewonnen werden mußte, die Nähe mußte verdient und die Einheit in gemeinsamer Bemühung errungen werden. Es war ein langer Weg.

Ich brauchte viele Jahre, um mir der Tatsache bewußt zu werden, daß ich Leib und Seele war, um anzufangen, dich wahrzunehmen, dir zu vertrauen, dir Aufmerksamkeit zu schenken und dich wichtig zu nehmen. Aber dann versuchte ich, das Versäumte nachzuholen. Ich habe mich beschuldigt, so darf ich mich jetzt auch loben.

Ich lernte bald, dich zu schätzen, mich um dich zu kümmern und dich zu lieben. Ich begrüßte frohen Herzens die neue Dimension, die du in meine Existenz brachtest. Dich zu entdecken, wieder in Besitz zu nehmen, in mein Leben einzugliedern brachte ein Gefühl der Ganzheit, eine Nähe zur Wirklichkeit, ein Maß irdischer Sinnlichkeit und körperlicher Weisheit, das mein Denken bereicherte, mein Temperament milder und meine Freuden größer machte. Jetzt fühle ich mich heimisch in dir. Ich bin stolz auf dich, ich bin glücklich, einen Körper zu haben, die Segnungen des Lebens mit dir zu genießen, dich gut zu behandeln, deines Vertrauens wert zu sein und mich mit dir auch zu entspannen. Ich bin glücklich, wenn ich dir eine gute Mahlzeit geben kann – und das ist oft gar nicht so leicht bei den asketischen Oberen und einfallslosen Köchen, die mir einen höheren Platz im Himmel sichern wollen, als ich je angestrebt habe. Ich fragte dich jetzt immer, um zu erfahren, was du wirklich willst, um deine Bedürfnisse zu kennen und deine Warnungen zu beachten, und ich handele jetzt nie mehr ohne dich oder gegen dich. Selbst wenn ich mit einer neuen Arbeit anfange, Einladungen zu Vorträgen oder Reisen annehme, zwischen zwei Möglichkeiten zu handeln wähle, frage ich dich immer um Rat. Du kennst deine Kraft und deine Vorlieben, du weißt, was für dich gut ist, und ich habe eingesehen, daß das, was wirklich gut für dich ist, auch für mich als Ganzes gut ist, denn du und ich, wir sind eins. Meine wachsende Sensibilität für deine Botschaften ist für mich ein glücklicher Maßstab meiner persönlichen Reife. Das verdanke ich dir, „Bruder Leib".

Du weißt recht gut, daß Spazierengehen zu meinen größten Vergnügen gehört. Tägliche, lange und einsame Spaziergänge. Die Freude kommt daher, daß du und ich beim Gehen einander so nahe sind. Beine und Füße, Lunge und Herz, alles von dir in abgestimmter Bewegung, in körperlichem Rhythmus, in frohem Schritt. Ich fühle mich wohl und spüre den Lufthauch im Gesicht. Keine Dispute, keine Sorgen, kaum ein Gedanke, während ich gehe; nur du und ich und der Weg, die Bäume und der Himmel, die Vögel und Leute. Ich sehe alles, nehme alles auf, lasse die Ganzheit der Natur durch meine offenen Sinne in meine eigene Ganzheit einströmen, fühle mich eins mit allem, das ist und lebt und atmet – durch dich, mein Körper, der du durch deine Stofflichkeit in einer dauernden Beziehung und im Austausch mit dem Ganzen der Schöpfung stehst; und ich komme gestärkt und erfrischt, einig mit dir und dem Universum zurück – jeder Spaziergang ein Geschenk und eine umfassende Erfahrung der Gnade.

In einem Punkt habe ich mich mit dir immer gut verstanden. Mein ganzes Leben lang war der Augenblick, da ich mich am Abend zur Ruhe legte, der schönste des ganzen Tages. Das hat nichts mit Faulheit zu tun, nichts mit Überdruß oder Langeweile, auch nicht mit Sichzurückziehen oder Hadern mit dem Leben, im Gegenteil, es ist die Freude, mit „Bruder Leib" allein zu sein, das saubere Bett zu spüren, diese Freiheit, meine Glieder zu fühlen, das Versinken in kindliche Erinnerungen und das Vergessen aller Plagen. Ich brauche jede Nacht einige Zeit zum Einschlafen und genieße dabei jede Minute. Die Vorbereitung zum Schlaf ist die reinste der unschuldigen Freuden.

Es heißt, daß der Schlaf das Abbild des Todes ist. Ich fürchte mich nicht vor dem Tod. Gewiß, der Tod wird schmerzlich sein, weil er die Trennung von dir, „Bruder Leib", und von allen Menschen, die ich liebe, mit sich bringen wird. Das wird mir weh tun, aber es macht mir keine Angst. Es mißfällt mir, dieses Leben, das mich so freundlich behandelt, beenden zu müssen, aber ich fürchte mich nicht, es zu verlassen und weiterzugehen. Allerdings habe ich eine paulinische Abneigung dagegen – wer das Neue Testament kennt, weiß, was ich meine –, dann ohne meinen Leib zu sein und eine nackte Seele zu werden (vgl. 2 Kor 5,3), ein körperloser Geist. Und diese Abneigung kommt daher, daß ich – wie Paulus, der in hebräischen Begriffen dachte – dich, meinen Körper, ernst nehme, und daß ich dich für einen wesentlichen Teil von mir halte, daß ich mich als Körper-Seele verstehe, fast eher als beseelten Körper denn als verkörperte Seele. Ein Leben ohne dich, „Bruder Leib“, ist jetzt für mich ein sinnloser Gedanke, und die Auferstehung der Toten ist die glückliche Zusicherung, daß wir in der Ewigkeit eins sein sollen. Ich freue mich über diese Hoffnung und warte auf diesen Tag. Inzwischen möchte ich nahe bei dir bleiben, mit dir sprechen, dich umarmen und mit dir glücklich durchs Leben gehen. Und wenn du müde wirst, laß es mich wissen. Wir werden uns hinlegen, um miteinander auszuruhen.

11 *Ich bin meine Gedanken*

Denken ist meine Leidenschaft. Stundenlang kann ich mit meinen Gedanken allein sein, kann mich tagelang mit einem Problem beschäftigen und dabei meine Umgebung vollständig vergessen. Ja, ich könnte beinahe einige Zeit das Essen vergessen, wenn ich nur genug Bücher zum Lesen und Papier zum Schreiben hätte. Ein neues Buch aufzuschlagen und mit dem Lesen anzufangen, ist für mich das größte Vergnügen, und für eine neue Idee könnte ich alles hergeben. Wenn es in meinem Kopf „klick" macht, wenn mir ein verborgener Zusammenhang mit einem Mal klar wird, wenn mir blitzartig ein neues Konzept vor Augen steht, wenn mir ein alter vertrauter Gedanke plötzlich neu aufgeht, bin ich wie elektrisiert. Die alten Griechen verglichen die Inspiration mit dem Stich einer Bremse. Wer von ihr gestochen wird, der wird rasend. Aber diese Raserei ist pure Freude.

Mein geistiger Hintergrund ist reiner Aristoteles. An meinem Kopf könnte sich ein Herkunftsschild befinden: „Hergestellt in Griechenland". Die ersten Prinzipien, Kategorien, Syllogismen. Ursache und Wirkung. „Prima causa" und „substantielle Form". Eine lückenlose Beschreibung des Universums, ein vollkommenes Bild, eine umfassende Sicht. Nichts befriedigt den Geist mehr als eine systematische Darstellung, die jede Einzelheit einschließt, jede Tatsache erklärt und in jeder Situation einen Sinn erkennt, das

Ganze von seinen einzelnen Teilen her erklärt und jeden Teil auf das Ganze hin zu deuten weiß. Diese aristotelische Konzeption des Universums, in der „Summa Theologica" des heiligen Thomas von Aquin durch den christlichen Glauben gefiltert, ist das vollkommenste geistige Gebäude, das ich kenne. Und als ich die „Summa" mit Begeisterung und Hingabe, in den glücklichen Jahren meiner Jugend studierte, bekam ich ein Gefühl der Sicherheit, der Überlegenheit, ja des Hochmuts, ohne Skrupel oder Zweifel und mit absoluter Sicherheit stets Herr der Situation zu sein. Das prägte mein Denken und lenkte mein Leben. Noch immer denke ich in Syllogismen, unterscheide zwischen „Substanz" und „Akzidenz" und glaube, daß es keine Wirkung ohne Ursache gibt. Alles reiner Aristoteles. Es sollte ein bitteres Erwachen in späteren Jahren geben, als ich nämlich feststellte, daß durchaus nicht die ganze Menschheit so dachte.

Der Eckstein im Gebäude des Aristoteles ist der Satz vom Widerspruch. „Sein ist nicht Nichtsein". Ganz einfach und tief genug, um darauf eine ganze Denkweise und einen Lebensstil zu gründen. Klare Logik, gegenseitiger Ausschluß der Gegensätze, Sein und Nichtsein, schwarz und weiß, gut und böse, Himmel und Hölle. Das war das westliche, abendländische Denken, mein eigenes Denken. Ich merkte damals schon, daß der Versuch, das Universum in ein sauberes begriffliches Raster einzupassen, es gelegentlich notwendig machte, manche Punkte etwas zu dehnen, Ecken abzurunden und Einzelheiten zu opfern. Nicht alles in der Schöpfung war schwarz *oder* weiß, war auch nicht Sein *oder* Nichtsein. In ihrer Verlegenheit erfanden die Philosophen der Scholastik hierfür den

Begriff der „entitaculae", übersetzt könnte man etwa „Wesenheitchen" sagen, die weder ganz das eine noch ganz das andere waren – und immer wieder wie Küchenschaben durch alle Ritzen des Gebäudes eindrangen. Sie wurden bekämpft und verfolgt, ignoriert, beleidigt oder verachtet – aber sie waren da, die berüchtigten „entitaculae", diese Zwitter zwischen Sein und Nichtsein, die das Denken der Scholastiker jahrhundertelang ungehindert verfolgten. Es gab Risse im System, doch eben nur Risse. Das System stand.

Als die Mathematik in mein Leben trat, stärkte sie meine Betrachtungsweise der Dinge, meinen Hang zur Logik und meine Überzeugungen noch mehr. Auch die Mathematik kam aus Griechenland. Und die mathematische Gewißheit war sicherlich das unerreichte Vorbild aller Gewißheiten – so sicher wie zwei und zwei vier sind. Meine intellektuelle Befriedigung wuchs. Eine besondere Erleuchtung hatte ich dann, als ich beim Studium der Werke von George Boole an die Stelle kam, wo er das Prinzip des Widerspruchs in drei einfachen mathematischen Schritten beweist, ausgehend von seiner fundamentalen Gleichung. Dieses heiligste aller Prinzipien in fleckenlosem mathematischen Gewand zu sehen, war eine Bestätigung des Himmels. Damals erreichte mein intellektueller Optimismus seinen Höhepunkt.

Dann aber folgte unvermeidbar der Abstieg. Völlig unerwartet lehrte mich die Mathematik selbst, ihre Grenzen zu sehen. Wenn aber sogar die Mathematik Risse hatte, wem war dann noch zu helfen? Zunächst persönliche Grenzen. Als ich einmal einen Sommerkurs für Universitätslehrer gab, sagte ich, daß derjenige eine Auszeichnung bekäme, der ein Beispiel für eine Funktion mit einem ziemlich ungewöhnlichen Verhalten fände. Am nächsten Tag kam einer der Kursteilnehmer an die Tafel und legte sein Beispiel dar. Alle Kollegen klatschten. Es war eine glänzende Darstellung und der Betreffende forderte den Preis. Doch während ich ihm zuhörte, erfaßte mich jenes bestimmte Gefühl, das für mich immer ein Zeichen dafür war, daß etwas nicht ganz stimmte. Ich konnte nicht genau sagen, wo der Fehler lag, aber ich sah überall rote Warnlichter. Plötzlich war es mir aufgegangen. Ich ging nach vorne und widerlegte das Beispiel. Und dann geschah etwas, was man in der Mathematik nicht für möglich gehalten hätte: Die Meinungen teilten sich. Einige begriffen sofort, was ich meinte, andere widersprachen noch eine Zeitlang. Schließlich setzte sich meine Ansicht durch. Die Preisverleihung fiel aus. Doch neben der Befriedigung, daß ich den Fehler erkannt hatte, blieb mir vor allem ein ungutes Gefühl und eine unglückliche Erfahrung, daß die Mathematik doch angreifbar war. Wo war ihre gerühmte Gewißheit?

Wenn es in der Mathematik keine Gewißheit gibt, wo dann überhaupt? Später einmal hörte ich einen klugen Mathematiker auf einem internationalen Kongreß sagen: „Die Mathematik ist so komplex geworden, daß man ohne weiteres sagen kann, daß heute alle wichtigen Theoreme falsch sind und alle wahren Theoreme trivial.“ Das gab uns zu denken.

Heute besteht in Fachkreisen die allgemeine Überzeugung, daß wir künftig von der Mathematik nur noch ‚statistische Sicherheit‘ erwarten können. Etwa so, als ob man eine Meinungsbefragung über den Satz des Pythagoras durchführen würde. Dahin war die

Krone der „Königin der Wissenschaften". Jetzt war es nämlich, unabhängig von den eigenen Grenzen der Mathematiker, das System selbst, das Unstimmigkeiten aufwies. Gerade die ‚Grundlagen der Mathematik', ein Thema, auf das ich mich einige Zeit spezialisiert hatte, führten unversöhnliche Schulen gegeneinander ins Feld, die einander nicht weniger verbissen bekämpften wie politische Parteien im Wahlkampf. Die Grundlagen wackelten endgültig. Goedels klassisch gewordenes Theorem besagt, daß ein mathematisches System, das durchgehend folgerichtig ist, nicht vollständig ist, und wenn es vollständig ist, nicht folgerichtig sein kann. Das heißt demnach: entweder bringt das System Widersprüche hervor oder es enthält unterschiedliche Lösungsvorschläge, „Theoreme", die weder bewiesen noch widerlegt werden können. Entweder der Mantel ist zu kurz oder er ist zerrissen. Ein schönes Dilemma! Dieses Theorem ist ein bemerkenswertes Stück intellektueller Bescheidenheit. Die Ehrlichkeit dieser Geste brachte der Mathematik wieder ihre Glaubwürdigkeit ... um den Preis aber, daß sie ihre eigene Unzulänglichkeit bewies.

Die „entitaculae" der Scholastiker waren wieder da. Etwas, das weder wahr noch falsch ist, ist letztendlich etwas, das weder Sein noch Nichtsein ist. Wieder ein „dazwischen". Und das war keine reine Spekulation, sondern eine harte Realität, die auf dramatische Weise ans Licht der mathematischen Welt kam: Paul Cohen erhielt die „Field Medaille" (in der Mathematik das Gegenstück zum Nobelpreis), weil er zeigen konnte, daß die sogenannte „Kontinuum-Hypothese" weder bewiesen noch widerlegt werden kann. Auf immer zur Ungewißheit verdammt! Schlimmer noch, derselbe Cohen erklärte wenig später zuversichtlich, daß bald alle Mathematiker davon ausgehen würden, daß jene Hypothese ganz offensichtlich falsch sei. Inzwischen war ich ziemlich verwirrt, was meine Gewißheiten anbelangte, und daher vorbereitet für neue Ansichten und Ideen. Gerade im rechten Moment.

In dieser Zeit zog mich der Hinduismus mehr und mehr in seinen Bann. Ich atmete ihn ein im täglichen Leben: Lektüre, Freunde, Feste, Zeremonien, die Tempelglocken und der parfümierte Duft der Räucherstäbchen. Ich drang bis zu den Wurzeln vor, wollte alles erfahren an Tiefe und Schönheit, das philosophische Gewicht und die weitreichenden Konsequenzen des indischen Denkens. Ich lernte und lernte. Die Veden, die Upanischaden, die sechzehn Puranas und die sechs Darshanas. Das Ramayana und das Mahabharata und darin die Bhagavad Gita. Ich griff mit Ehrfurcht danach und bedachte Vers für Vers. Bis ich auf den stieß, wo Shri Krishna von sich sagt: „Ich bin Sein und Nichtsein." Das war großartig, das genaue Gegenteil von allem, was ich bis dahin gelernt hatte. Mein geliebter Satz vom Widerspruch weggewischt, und die „entitaculae" auf einmal wieder in Amt und Würden, so, als ob der Bösewicht des Dramas von der Königin zum Ritter geschlagen worden wäre. Wenn sich die Gegensätze treffen, ist alles erlaubt.

Bertrand Russell hatte bereits bewiesen, daß ein System, das nur einen Widerspruch enthält, alle Widersprüche enthält. (Als er das sagte, stellte ein Freund ihm die Aufgabe, zu beweisen, daß, wenn 1 = 2, Russell der Papst war. Er antwortete sofort: Der Papst und ich sind zwei; aber zwei ist gleich eins; also sind wir eins, und das heißt, daß ich der Papst bin. Ein beachtliches Argument für einen aufrichtigen Agnostiker!) Sein und Nichtsein waren eins. Und Shri Krishna sagte es eindeutig, heiter und spitzbübisch, mit jenem Augenzwinkern, das die Milchmädchen von Vrindavan bezauberte, und mit der Festigkeit in der Stimme, die Arjuna auf das Schlachtfeld vorbereitete.

Das war eine ganz neue Welt, eine völlig neue Sicht der Realität. Ich erforschte sie mit vorsichtigem Staunen. Es war, als ob ich die Welt mit einer neuen Brille betrachtete, als ob ich ein neues Essen probierte oder neuen Boden beträte. Und der Boden war fest. Diese Sicht hatte Sinn. Leben war möglich. Das Universum hielt auch so zusammen. Ich lernte, daß es verschiedene Weisen gibt, das Wesen der Dinge zu betrachten, und daß jede ihren eigenen Wert besitzt. Ökumene an der Wurzel. Dialog in der Tiefe. Pluralismus auf der Ebene der grundlegenden Prinzipien. Meine Denkmaschine sollte niemals mehr dieselbe sein.

In dieser Zeit erlebte ich die unglückliche Lage eines westlichen Wissenschaftlers, der indische Studenten an der Universität aristotelische Logik lehrte. Er war ein geborener Dialektiker. Seine Vorlesungen waren ein Genuß an Witz, Scharfsinn und sprachlichem Glanz. Seine Studenten waren von seinem geistigen Mut fasziniert. Aber es gelang ihm nie, sie zu überzeugen. Ganz verzweifelt beklagte er sich bei mir: „Heute habe ich meinen Hörern absolut eindeutig bewiesen, daß sie in einem Punkt alle unrecht hatten, und niemand konnte auf meine Argumente noch etwas erwidern. Aber am Ende lachten sie nur. Was kann man denn mit solchen Leuten machen?"

Seine Argumente waren stichhaltig. Seine Logik

war vollkommen. Aber er erkannte nie oder wollte nicht zur Kenntnis nehmen, daß sie einfach eine ganz andere Logik hatten. Seine Logik war nicht die ihre. Eigentlich bewies er seine Schlußfolgerungen nur sich selbst. Seine Studenten gingen auf anderen Wegen. Sie lernten das Fach, um die Prüfung zu bestehen, aber ihr Verstand arbeitete ganz anders. Ein Syllogismus konnte ihrer Rüstung nichts anhaben. Ihr geistiges Klima war die Gita. Shri Krishna hatte sie gerade angelächelt. „Ich bin Sein und Nichtsein. Überzeuge mich, wenn du es wagst. Oder, wenn du bereit bist, deine müßigen Wortklaubereien sein zu lassen, dann komm und sieh eine Zeitlang mit meinen Augen und denke mit meinem Verstand. Vielleicht siehst du die Dinge dann in neuem Licht und die Welt in neuen Farben. Auf jeden Fall wird es Spaß machen. Später kannst du dann zu deinem Denken zurückkehren, es wird durch diese Erfahrung bereichert sein. Du kannst dadurch nur gewinnen, wenn du es wagst."

Ich wagte es, und meine Erfahrung wurde bereichert. Ich habe oft darüber gesprochen und geschrieben, was Indien mir gegeben hat. Freunde, Wärme und einen weiteren Horizont, Tiefe, Perspektiven und Verständnis, Frieden und Geduld, Mystik und die Fähigkeit, alles im Zusammenhang zu sehen. Ich könnte Seiten darüber schreiben. Statt dessen möchte ich – für den, der es versteht –, nur das eine einfache Geheimnis nennen, das Indien mir freundlich ins Ohr geflüstert hat: Man kann leben – und glücklich sein – ohne den Satz vom Widerspruch. Ein wunderbares Geschenk.

Noch ein weiterer Schritt. Wieder unerwartet und von mir nicht geplant. Das Beste im Leben ist das, was einfach geschieht, nicht das, was man mit dem Kopf plant und mit der Hand herstellt. Und wieder geschah etwas. Ich begegnete einem tieferen Strom, der auch in Indien entsprang und dann nach Norden und noch weiter nach Osten ging und jetzt in verschiedenen Gewändern über die ganze Welt verbreitet ist. Das buddhistische Denken. Oder besser das Fehlen von Denken. Das Zur-Ruhe-Kommen des Verstandes, die Zähmung des Intellekts, die Stille der Sphären. Der Koan, das Rätsel, die Zen-Geschichte, der lachende Mönch. Die Wiedergeburt der Sinne, die Weisheit des Körpers, die Vertrautheit mit der Natur. Eine ganze neue Welt von offensichtlicher Wirklichkeit und unmittelbarer Wirkung, von offenen Augen und bereiten Händen. Der gegenwärtige Augenblick und die spontane Berührung. Das Denken wird in den Hintergrund verwiesen, damit das Räderwerk des Gehirns das Geschäft des Lebens nicht störe. Ich denke immer noch, denn die Schwungkraft, die mein Verstand in einem ganzen Leben erlangt hat, ist zu stark, als daß die Räder plötzlich angehalten werden könnten. Aber Denken, das für mich eine Lebensform war, ist nun eher ein bloßer Zeitvertreib geworden. Der lange Bambus ist lang, und der kurze Bambus ist kurz. Das ist die neue Metaphysik. Und auch sie hat Sinn. Oder überhaupt keinen Sinn. Das ist einerlei. Die Dringlichkeit des Gedankens ist verschwunden, und wenn es nun stattfindet, ist das Denken um so vergnüglicher, als es seinen Ernst verloren hat. Ich genieße es, weil ich es nicht brauche. Hat der Hinduismus mich gelehrt, daß man auch ohne den Satz vom Widerspruch leben und glücklich sein kann, so habe ich vom Buddhismus gelernt, daß man es auch ohne Denken sein kann. Die letzte Befreiung. Die endgültige Erleuchtung. Das höchste Geschenk. Ich mußte es auf meine Weise annehmen, in mein besonderes Ganzes einfügen, in mein eigenes Muster verweben.

Das ist also die Geschichte meines Denkens. In Griechenland hergestellt, in Indien umgestellt und durch Zen abgestellt. Drei Traditionen in einem Leben. Ich kann mich nicht über Mangel an Farbe in meinem Leben beklagen. Ich sammle Regenbogen.

12 *Ich bin meine Gefühle*

Ein Freund von mir, der mich seit Jahren kennt – er ist Hindu, eine bekannte Persönlichkeit in Gujarat und ein feinsinniger Dichter –, sagte mir eines Tages ins Gesicht: „Du bist zweifellos intelligent, was die Leute vielleicht zuerst bei dir sehen; aber dein Herz ist entschieden größer als dein Kopf." Ich freute mich sehr über diese Bemerkung und konnte sie nur mit einem verlegenen und zufriedenen Lächeln erwidern. Sicherlich habe ich mich immer so eingeschätzt, aber dies von einem Freund, dessen Urteil ich schätzte und dessen Menschenkenntnis ich bewunderte, klar und geradeheraus zu hören, tat mir gut. Er hatte etwas für mich wichtiges gesagt, was ich nie vergessen würde. Er hatte gesagt, daß mein Herz größer sei als mein Kopf. Und das behagt mir.

Nicht daß ich Ideen geringschätze. Ich liebe sie und lebe von ihnen. Ich bin ein Intellektueller. Mit Vergnügen lese, denke, rede und diskutiere ich, beweise, widerlege oder träume; Ideen sind meine Nahrung, ja meine Leidenschaft. Aber ich bin mir klar darüber, daß meine Ideen nicht mir gehören. Jede einzelne ist geborgt. Selbst wenn ich sage, daß meine Ideen geborgt sind, ist dies sogar eine geliehene Idee, denn alles was auch immer ich sage, ist schon vorher einmal gesagt worden. Jeder Gedanke ist ein Plagiat, jede Aussage ist sozusagen ein Verstoß gegen das Verbot der Wiederverwendung. Selbst wenn ich mir eine Idee ganz zu eigen mache und sie *meine* Idee nenne, wird sie von tausend anderen Leuten um mich herum geteilt, sodaß ich kaum sagen kann, sie gehöre wirklich mir. Schriftsteller wissen das nur zu gut. Wir leben voneinander. Themen werden wiederholt und Handlungen werden kopiert.

Selbst in der Musik sind originelle Ideen selten. Klassischen Symphonien liegen volkstümliche Melodien zugrunde, und sogar die großen Meister ziehen Gewinn aus den Werken ihrer Vorgänger. Brahms übernahm in seiner ersten Symphonie das Thema der neunten Symphonie Beethovens und Mozarts „Linzer Symphonie" beginnt mit Händels „Halleluja". Meine Ideen allein sind nicht meine ganze Persönlichkeit. Alle sind Variationen über ein Thema, und das Thema gehört einem anderen. Deshalb möchte ich, ohne meine Ideen damit unterzubewerten, tiefer graben und zum Grund gelangen. Ich möchte eigentlich den Kern erreichen. Meine Gefühle sind viel mehr ich als meine Gedanken. Meine Gefühle gehören mir, in einer Weise, wie eine Idee es nie vermag. Gefühle betreffen Leib und Seele, werden durch jede Schicht meines Seins gefiltert, sie beschleunigen meinen Pulsschlag und erhitzen mein Gesicht.

Wenn ich fühle, bin ich viel mehr ich selbst, als wenn ich nur denke. Ich kann meine politische Meinung kundtun, indem ich die Grundsätze eines Parteiprogramms wiederhole, doch kann ich mich nicht als Person zu erkennen geben, indem ich nur meine Ideen aufzähle, welche immer es auch sein mögen. Um mich selbst zu erkennen, reicht es nicht, daß ich meine Ideen kenne, vielmehr muß ich in das tiefere und dunklere Reich meiner Gefühle vordringen. Es ist keine leichte

Aufgabe, bei jedem Schritt zu wissen, was ich gegenüber einer Person oder bei einer bestimmten Sache wirklich fühle. Nicht was ich fühlen „sollte", sondern was ich wirklich fühle, ja auch ohne es selbst zu merken, danach müssen wir suchen, müssen es entdecken und es annehmen. Ich muß wahrnehmen lernen, was ich fühle, muß meinen Zorn und meine Zärtlichkeit kennenlernen, meine große Begeisterung und meine dumpfe Verzweiflung, die Woge der Gefühle, die in mir aufsteigen, und darf die Stiche der Eifersucht oder die Bitterkeit der Enttäuschung nicht verleugnen ...; das alles gehört zu der harten Wissenschaft der Selbsterkenntnis und zu ihren grundlegenden Voraussetzungen. Um mich selbst zu kennen, muß ich meine Gefühle kennen. Das liegt an der grundlegenden Tatsache, daß ich meine Gefühle *bin.*

Ich hörte einmal einen Mitbruder sagen: „Ich habe keine Gefühle. Rede mir nicht von Gefühlen, denn für mich haben sie nichts zu bedeuten. Ich verstehe meine Berufung so, daß ich jede persönliche Zuneigung, Freundschaft, Vertraulichkeit oder Liebe aufzugeben habe. Ich weiß, daß das ein Nachteil im Leben ist, aber ich habe das mit meinem Versprechen der Keuschheit freiwillig angenommen für ein höheres Ziel, und so möchte ich leben." Ich denke, dieser Priester hatte durchaus Gefühle, aber er verstand es offensichtlich nicht, sie anzunehmen und mit seiner Berufung in Einklang zu bringen. Er war befangen und fühlte sich unbehaglich und verlegen; lieber versteckte er sich, indem er vor der Welt und vor sich selbst verleugnete, daß er überhaupt Gefühle besaß. Er selbst war der Verlierer.

Die Gefühle erst machen einen Menschen lebendig. Wenn ich meine Gefühle nicht wahrhaben will, kann ich mich nicht verstehen und ich selbst sein. Heute ist schon viel die Rede von künstlicher Intelligenz, aber noch niemand hat bisher über künstliche Liebe gesprochen. Soweit gehen die Roboter nicht. Die Intensität der Gefühle eines Menschen ist der Gradmesser für seine Lebendigkeit, seine spirituelle Vitalität, seinen Puls und seinen Herzschlag, für diese innerste und eigenste Kraft, die einen Menschen zum Menschen macht. Um sich selbst zu erkennen, ist es deshalb auch überaus wichtig, das eigene Gefühlsleben zu kennen.

Mir ist nach langer ehrlicher Selbstprüfung bewußt geworden, daß ich bei zwei Arten von Leuten beinahe zwei ganz verschiedene Personen bin. Ein anderer bei denen, die nur meine intellektuelle Seite kennen – meine Mathematikstudenten, die Universitätskollegen und manche Zufallsbekanntschaften, – und ein anderer bei denjenigen, die mich wirklich kennen, die mich so kennen, wie ich wirklich bin, mit meinen Gefühlen und allem – vor allem aber mit den Gefühlen. Ich reagiere ganz verschieden in diesen verschiedenen Weisen des Kontakts. Bei meinen Freunden bin ich gelöst, humorvoll, zärtlich oder respektlos, scherze und mache Späße, führe gern an der Nase herum und rede leichthin über die schwierigsten Dinge auf der Welt. Bei den andern fühle ich mich steif und formell und kann jeden zum Frösteln bringen, kann alle Fragen überhören und eine ganze Sitzung lang mit unbewegtem Gesicht dreinblicken, ohne daß ein Wort über meine Lippen käme. Manchmal bin ich geradezu entsetzt über meine eigene Verschlossenheit. Wer bin ich?

Diese steinerne Statue in der Zimmerecke? Ein Gedanke, vor dem mir graut. Ich erkenne mich selbst nicht darin. Das bin sicherlich nicht ich. Ich bin nur dann ich, wenn ich lebendig bin, und ich bin nur lebendig, soweit ich Gefühle habe. Die gesegnete Aufgabe der Freunde in meinem Leben ist, meine Gefühle hervorzuholen, mich lebendig zu machen und mich dadurch Ich sein zu lassen.

Sogar schlechte Gefühle sind gut. Nur meine engen Freunde haben das Vorrecht, mich zornig, ärgerlich und gelangweilt, verwirrt, wütend und elend zu sehen. Nur bei ihnen lasse ich mich sorglos gehen und zeige die Seiten von mir, von denen die Welt nichts weiß, und die um so mehr ich sind, als sie sonst im Innern zurückgehalten werden. Ich sehe mich bei meinen Freunden, wie ich bin, und dadurch bringe ich unterdrückte Teile von mir zum Leben, all diese vergessenen Ecken und betäubten Glieder. Und das bin alles ich. Meine Schattenseiten sind genausogut Teile von mir wie meine hellen, und ohne sie kann es kein Bild geben. Negative Gefühle sollen nicht übergangen werden. Sie tragen alle zum Ganzen von mir bei, und nur dieses Ganze zählt.

Ich habe die Erfahrung gemacht, daß ich fast nie eine richtige Antwort bekomme, wenn ich jemandem eine direkte Frage stelle: „Warum hast du das getan?" Nicht weil sie versuchen würden zu lügen oder etwas zu verbergen, sondern weil die Frage in die falsche Richtung zielt und daher die falsche Antwort nach sich zieht. Das „warum" wendet sich an den Kopf, doch der Kopf ist nicht der Ursprung des menschlichen Verhaltens. Die Handlungen entspringen nicht allein aus dem Intellekt, sondern aus dem gesamten

Organismus und speziell aus dem Zusammenspiel der Gefühle, das Reaktionen schafft und Antworten hervorbringt. Wenn der Kopf gefragt wird, antwortet er auf seine eigene Weise, die immer unvollkommen, fehlerhaft und irreführend ist. Die offizielle Verlautbarung des Ministers, das endgültige Kommuniqué. Gründe werden aufgeführt, die keine Gründe sind, und Erklärungen, die nichts erklären. Die Autoritäten sind gefragt, und die richtigen Antworten müssen gegeben werden. Diese „richtige" Antwort aber ist keine Antwort. Das „Warum" erklärt gar nichts. Wenn ich mich selbst kennenlernen will, muß ich über äußere Gründe und sichtbare Verhaltensformen hinausgehen und in jene geheimen Kammern hinabsteigen, wo still und geheimnisvoll die komplizierte Alchemie meines Verhaltens gebraut wird.

Einmal mußte ich in einem Fall vermitteln, wo ein Ordensoberer einen Untergebenen für einen geringfügigen sexuellen Verstoß streng bestraft hatte. Das Ausmaß dieser Strafe schien in keinem Verhältnis zu dem Vergehen zu stehen, und so wurde ich gebeten herauszufinden, wie es sich mit der Sache wirklich verhielt. Der Obere war ein geradliniger Mann, und so konnte ich ihn direkt fragen: „Warum haben sie zu einer so harten Strafe gegriffen?" Er antwortete: „Es war meine Pflicht. Als Vorgesetzter muß ich darauf sehen, daß die Regeln eingehalten werden, und wenn gegen sie verstoßen wird, muß ich das Übel durch eine angemessene Strafe sühnen. Vor allem aber mußte ich das zum Wohl dieses Mannes tun. Wenn er rechtzeitig zurechtgewiesen wird, wird er sich vielleicht bessern und nicht mehr in Schwierigkeiten kommen."

Eine perfekte Antwort, fast zu perfekt. Listen, Bücher, Gebrauchsanweisungen. Die Frage heißt: Warum? Antwort: Weil. Ein Delinquent wird bestraft, weil die Unantastbarkeit des Gesetzes aufrechterhalten werden muß und zu seinem eigenen Besten. Es war unüberlegt von mir, überhaupt zu fragen. Warum hast du das getan? Weil ich mußte. Sofort wußte ich, daß ich so nicht die wahren Hintergründe erfahren konnte, aber ich wußte auch, daß ich es falsch angepackt hatte. Ich hatte „warum" gefragt, und so hatte ich Gründe genannt bekommen. Ein völlig verkehrter Weg! Ich mußte ganz von vorne anfangen. Also tat ich es und wandte mich an die Gefühle des Mannes. Zunächst einmal, er war zornig. Auf wen? Er war unglücklich. Weil die Regeln verletzt worden waren? Er grollte dem Übeltäter. So viel heiliger Eifer? Schließlich stellte sich heraus, daß er eifersüchtig war auf seinen Untergebenen. Seine Strafe war die Rache. Die Sorge war Eifersucht. Die Rechtschaffenheit war Groll. Gewiß, die Regel mußte geschützt und dem Untergebenen mußte geholfen werden. Aber ein zorniger Oberer war nicht der rechte Mann dafür. Und die direkte Frage: „Warum?" war nicht die Art und Weise, der Sache auf den Grund zu kommen. „Warum" führt nie zum eigentlichen „warum." Wenn ich mich selber, die Motive meiner Handlungen und die Wurzeln meines Verhaltens kennen will, muß ich lernen, meine Gefühle auszugraben, sie einzuordnen, mich mit ihnen zu identifizieren, sie zu achten, anzunehmen und liebevoll mit ihnen umzugehen. Meine Gefühle, das bin ich.

Ich begann das Kapitel mit dem gewichtigen Zeugnis einer bekannten Persönlichkeit und eines weisen

Freundes. Ich möchte mit einem noch viel gewichtigeren Zeugnis schließen, dem meiner fünfjährigen Nichte. Sie ist ein sehr liebes und warmherziges Kind, dem ich glückliche Augenblicke meines Lebens verdanke. Mit ihr bin ich ich selbst in einer Weise, wie ich es vielleicht mit niemand anderem bin. Ich spiele, ich necke sie, ich mache den Clown, ich lache, ich vergesse alle Sorgen und freue mich an allen Dingen in ihrer unschuldigen und staunenden, gesegneten und liebenden Gegenwart. Ich begrüße sie so gerne als erstes am Morgen, wenn sie mit kleinen Schrittchen aus ihrem Zimmer kommt, die Augen verschlafen, ein langes geblümtes Nachthemd bis hinunter zu den Füßen, ihre Arme zeigen auf mich in dem Wunsch, getragen zu werden – eine zarte und leichte Last auf meinen Schultern. Genauso gern sehe ich sie als letztes am Tag, wenn sie abends ins Bett steigt mit ihren Spielsachen und Puppen, sich mit ungeschickten Bewegungen in den riesigen Bettüchern vergräbt und zum Schlaf die Augen schließt. Ich bin bei ihrem Bett in dem halbdunklen Zimmer. Ich knie nieder und beuge mich nach vorn, sodaß mein Gesicht auf der Höhe des ihren ist. Sie fühlt mich und öffnet die Augen. Ich komme näher und gebe ihr einen Kuß. Dann küßt sie mich und sagt ganz leise, halb im Schlaf: „Du kannst gut liebhaben, Onkel.“ Sie hebt ihren kleinen Arm und legt ihn um meinen Hals. Bald darauf schläft sie ein. Ganz behutsam und liebevoll nehme ich ihren Arm und lege ihn wieder unter die Decke und schaue sie noch lange an. Sie hat etwas sehr Wichtiges für mich gesagt. Sie hat mir gesagt, daß ich gut liebhaben kann. Sie muß es wissen.

13 *Ich bin meine Handlungen*

Es ist deshalb so wichtig zu wissen, wer ich bin, weil ich immer so handeln werde, wie ich mich selbst wahrnehme. Meine Identität bestimmt mein Verhalten, wie ich schon zu Anfang erwähnte. Darauf möchte ich im folgenden etwas näher eingehen. Die Philosophen der Scholastik prägten den fundamentalen Satz: agere sequitur esse – Das Handeln folgt dem Sein. Was ich bin, bestimmt, was ich tue. Hier liegt der springende Punkt. Das „Wer bin ich?" ist die Basis des „Was tue ich?" Jedes Sein handelt seiner Natur gemäß. Jeder Mensch verhält sich seinem Selbstbildnis entsprechend. Er wird immer danach streben, das auch in Wirklichkeit zu sein, als was er sich im Geist sieht. Das Handeln folgt dem Sein. Indem ich also mich und mein Selbstbild kenne, lerne ich auch die verborgenen Beweggründe meines Handelns kennen; und indem ich die Züge meines Selbstbildnisses wähle und verändere, kann ich auch den Lauf meines Handelns steuern. Diesen wichtigen Zusammenhang will ich mit ein paar Beispielen verdeutlichen.

Die folgende Situation begegnete mir in Indien immer wieder in fast unveränderter Form:

Ein junger Mann heiratet und lebt von da an – wie es in Indien üblich ist – mit seiner Frau im Haus seiner Eltern. Das heißt, daß er weiter in dem Haus lebt, in dem er schon immer gewohnt hat, als Kind und als Jugendlicher, in dem er nun einen neuen Stand, eine neue Dimension seines Lebens erreicht hat: er bildet nun selbst eine Familie, deren Haupt er wird. Hier nun beginnen die Schwierigkeiten. Zwei Familien sind unter einem Dach, und er gehört zu beiden. In einer ist und bleibt er auch weiterhin das gehorsame Kind seiner Eltern; in der anderen ist er das Haupt, der Gatte und bald selbst der Vater seiner Kinder. Wer ist er nun also? Sohn seines Vaters oder Vater seines Sohnes? Und – schier unentrinnbar, weil noch stärker auf das tägliche Leben bezogen: wer ist er, der Sohn seiner Mutter oder der Gatte seiner Frau? Zwei Frauen in seinem Leben. Zwei widerstreitende Erwartungen. Zwei Rollen in einer Person. Wer ist er? Natürlich ist er beides, aber was steht an erster Stelle? In der Beurteilung seiner selbst, im Verständnis seines Lebens und seiner Person, ist er da erst der Sohn seiner Mutter oder der Gatte seiner Frau? Der junge Ehemann in einer indischen Großfamilie sieht sich zuerst und hauptsächlich nach wie vor als Kind seiner Eltern, als Sohn seiner Mutter, und erst in zweiter Linie, zusätzlich, und dem nachgeordnet, als der Gatte seiner Frau – wenigstens war es so bei jedem einzelnen der Fälle, mit denen ich zu tun hatte, und das waren – wie gesagt – viele. Der junge Mann lebt weiterhin in dem gleichen alten Haus und zusammen mit seiner Familie, demnach bleibt auch seine alte Identität und seine frühere Familienbindung erhalten. In diesen Mauern ist er aufgewachsen im Gehorsam gegenüber seinen Eltern, und die Beziehung zu ihnen setzt sich fort, wie die zu den Mauern. Der Rahmen bleibt, und auch die Person innerhalb dieses Rahmens bleibt dieselbe. Der Sohn seiner Mutter. Nur eine kleine Veränderung hat sich ergeben, nur eine Kleinigkeit wurde hinzugefügt. Er hat jetzt eine Frau; eine schweigsame, gehorsame, sich selbst verleugnende Gestalt im Hause. Gewiß wird ihr Gatte sie lieben, für sie sorgen und versuchen, ihr Freude zu machen, aber bei einer Auseinandersetzung mit seiner Mutter wird er nicht auf ihrer Seite stehen. Bei den nicht zu vermeidenden Spannungen zwischen Schwiegertochter und Schwiegermutter ergreift er ohne Frage die Partei seiner Mutter, verteidigt sie vor seiner Frau und fordert von ihr Gehorsam gegenüber der Mutter. Er handelt als die Person, die er ist: Er ist der Sohn seiner Mutter und steht daher auf der Seite seiner Mutter. Sein Handeln folgt seiner Überzeugung. Die Identität bestimmt das Handeln. So wie er sich sieht, so wird er sich einordnen. Und seine Frau wird nichts anderes tun können, als in der Geduld ihre Zuflucht zu suchen.

Ein Wandel in solchen grundlegenden Lebenseinstellungen ist, wenn er überhaupt kommt, meist traumatisch. Wenn ein Ehemann anfangen soll, vor seiner Mutter und in ihrem Haus Partei für seine Frau zu ergreifen, so erfordert das eine Änderung seiner ganzen Persönlichkeit, seiner Identität und seiner Art und Weise, sich selbst zu sehen, was nicht ohne Schmerz und nicht ohne Mut zu erreichen ist. Es bedeutet, daß er beginnen muß, sich als den Gatten seiner Frau zu sehen und daß er – alles unter den Augen seiner Mutter –, sein Selbstverständnis, ja sein ganzes Sein ändern muß. Sein Verhalten in der Familie zu ändern heißt, seine Sicht von sich selbst zu ändern. Ein gewiß nicht leichtes Unterfangen.

Für die Frau ist das nicht weniger schwierig. Wenn sie heiratet und ihr Heim verläßt, um im Haus ihres Ehemannes bei dessen Familie zu wohnen, empfindet sie die Spannung zwischen diesen beiden Bindungen, erwachsen auch bei ihr Ängste aus der Umstellung. Die Tradition erleichtert es ihr, ihre neue Rolle zu bejahen, wie auch die Tatsache, daß sie ja jetzt in einem anderen Haus lebt. Eine veränderte Umgebung hilft bei der inneren Veränderung. Sie fügt sich bereitwilliger den Wünschen ihres Gatten und entspricht den Gegebenheiten. Dabei bewahrt sie aber auch die innige Verbindung zur eigenen Familie und bleibt die Tochter ihrer Eltern. Nie vergißt sie ihr ursprüngliches Zuhause. Erwartet sie dann ihr erstes Kind, geht sie zur Entbindung in das Haus ihrer Mutter, bleibt lange dort und erneuert die enge Bindung an ihre Familie. Kommt sie zurück, fühlt sie sich gestärkt und ist sich über den Platz in ihrer eigenen Familie sicher; gleichzeitig ist sie in ihrer neuen Rolle durch das Kind in ihren Armen aufgewertet und bestätigt: es ist das größte Geschenk für ihren Gatten, zugleich Beweis ihrer Fruchtbarkeit und verschafft ihr einen Ehrenplatz in ihrer neuen Familie. Es verleiht ihr die Weihe als Frau und sichert ihr als Person und als Mutter das Recht auf Achtung und Unabhängigkeit.

Ich trete hier nicht prinzipiell für die Großfamilie ein. Diese Ordnung hat genauso ihre Schattenseiten wie ihre Vorzüge, und ich habe ja auch schon auf die Gefahr für den Ehemann hingewiesen, der im Schatten seiner Eltern weniger Möglichkeiten der eigenen Weiterentwicklung hat. Gleichwohl will ich nachdrücklich den vielen bewundernswerten Frauen meinen Respekt aussprechen, die in ihrem Leben zur Synthese zweier Persönlichkeiten gelangen und in aller Stille ein eindrucksvolles Beispiel dafür geben, wie sehr Veränderung einem Menschen helfen kann zu wachsen und wie die Mutterschaft einer Frau Größe geben kann.

Eine andere Familiensituation, die von demselben Prinzip abhängt. Es kommt öfter vor, daß eine Witwe kurz nach dem Tod ihres Gatten stirbt, obwohl sie vorher durchaus nicht krank war. Kummer und Einsamkeit verlangen ihren Tribut und können ein Leben verkürzen. Das mag ein staunenswerter Tribut an die Liebe sein – doch ebenso ein beklagenswertes Mißverständnis des eigenen Lebens. Hier hatte sich die Frau mit ihrem Gatten so identifiziert, daß sie kein eigenes Dasein mehr ohne ihn sah. So verlor auch sie, als er starb, ihr Sein. Überidentifikation führte zum Erlöschen. So sehr hatte sie für ihren Ehemann gelebt und ihren Tag, ihr Leben, ihre ganze Existenz so ausschließlich nach ihm ausgerichtet, daß ihr Leben bedeutungslos war ohne ihn. Sie war keine eigenständige Persönlichkeit mehr, sie war nur noch die Frau ihres Gatten, und als er starb, war sie niemand mehr. Diese Tatsache ihres Nichtseins brachte sie mit ihrem Tod zum Ausdruck. Wenn eine Ehefrau kurz nach ihrem Mann stirbt, dann oft nicht aus Liebe, sondern weil sie ihre Persönlichkeit schon lange vorher aufgegeben hat.

Die Witwenverbrennung im alten Indien war ein schrecklicher Ausdruck genau desselben falschen Glaubens, das schlimmste Beispiel für das Übel der Überidentifikation. Die Frau wurde so sehr für einen Teil ihres Mannes angesehen, daß nach seinem Tod auch sie auf seinem Scheiterhaufen verbrannt wurde. Bei aller Ungerechtigkeit und Brutalität hatte dieser Brauch doch seine eigene Logik. Wenn die Gattin mit ihrem Gatten völlig identisch war, dann konnte sie ihn nicht gut überleben. Die Frau hatte keine Existenzberechtigung ohne ihren Mann, sie war keine Person, und wenn er starb, mußte auch sie sterben. Wenn sie nicht so freundlich war, es aus Liebe zu tun, wollte man ihr schon dabei helfen, ihre Nichtexistenz zu erkennen, und geleitete sie die Stufen hinauf zum Scheiterhaufen ihres Mannes. Um dieses Übel zu heilen, mußte man die Auffassung verändern, nicht die Ausführung verhindern. Die Ehefrau ist nicht Teil ihres Mannes, sie hat ihr eigenes unabhängiges Dasein im Leben ihres Gatten und deshalb auch noch über ihn hinaus. Sie hat das Recht zu leben, denn sie hat das Recht, sie selbst zu sein. Liebe verbindet, darin liegt ihre Stärke, aber Liebe vermischt nicht zwei Wesen zu einem. Das ist Überabhängigkeit. Ein Scheiterhaufen für zwei.

In Indien gibt es viele Mohammedaner, die gute Inder und gute Muslime sind. Und wieder stellt sich die Frage: Was sind sie zuerst? Sieht ein indischer Muslim sich zuerst als Inder oder als Muslim? Wird er bei einem Konflikt zwischen Indien und Pakistan innerlich auf der Seite Pakistans, eines mohammedanischen Landes, oder auf der Seite Indiens, seines Geburtslandes stehen?

Als einmal die pakistanische Cricketmannschaft bei einem Spiel in Indien die indische Mannschaft schlug, jubelten einige indische Muslime. Sofort gab es Unruhe. Die Antwort auf die Frage „Wer bin ich?" entscheidet hier, auf welcher Seite ich stehe. Die Identität bestimmt die Loyalität. Die Einheit eines großen und alten Landes wie Indien mit seinen vielen Religionen, Rassen und Kasten innerhalb der weitgestreckten Grenzen ist ein Problem ersten Ranges, das immer behutsam behandelt sein will. Hier stellt sich das Problem der nationalen Integration, die jedoch nur in der persönlichen Integration des einzelnen wurzeln und nur aus ihr erwachsen kann. Dabei kann die Psychologie der Politik zu Hilfe kommen, denn die Annahme des jeweils eigenen Ichs ist doch die Voraussetzung jeder größeren Harmonie in der Öffentlichkeit. Die Frage „Wer bin ich?" ist dann keine müßige philosophische Spekulation mehr und alles andere als nur psychologischer Luxus. Sie ist jetzt eine drängende und lebenswichtige Frage, von der das Wohl des einzelnen und der ganzen Nation abhängt.

Im Jahre 1931 eroberte Japan die Mandschurei, die bis dahin China gehört hatte, und errichtete hier den Staat Mandschukuo. 1945 zogen die Sowjets in Mandschukuo ein und die Japaner flohen. Viele von ihnen ließen ihre Kinder bei chinesischen Familien, um sie in Sicherheit zu bringen, und hofften, sie später wieder zu sich nehmen zu können. Doch sie kamen nie zurück. Erst fast vierzig Jahre später forschte die japanische Regierung nach, und manche dieser Kinder, die inzwischen längst erwachsen waren, wurden mit ihren bereits betagten Eltern zusammengeführt. Diese Begegnungen waren nicht einfach, und man kann sich die Verwirrung der Gefühle bei diesen „Kindern" vorstellen, als sie plötzlich zwei Elternpaare hatten: die natürlichen Eltern und die Pflegeeltern. Sofort erhebt sich die Frage: Wessen Kind bin ich? Wen soll ich jetzt Mutter nennen? Die Frau, die mich geboren hat, oder die Frau, von der ich aufgezogen wurde? Wo soll ich bleiben? Welches Land ist meine Heimat? Manche brauchten sogar einen Dolmetscher, um mit ihren natürlichen Eltern sprechen zu können, da sie Japanisch nicht beherrschten. Verwirrte Identitäten bei zerrissenen Menschen.

Nehmen wir das Problem des adoptierten Kindes: Wann und wie soll man ihm sagen, daß seine Eltern gar nicht seine Eltern sind? Wenn aber meine Eltern nicht meine Eltern sind, dann bin ich auch nicht ich. Wohin gehöre ich? Das Problem des Kindes, dessen Eltern sich scheiden lassen und wieder heiraten. Wie soll es seine neue Mama nennen?

In seinem großen Roman über den „Verlust der Wurzeln" beschreibt der gujaratische Schriftsteller Bhagavatikumar Sharma drei Fälle von gestörter Identität. Die Heldin Kshama erfährt auf schmerzliche Weise, daß ihr Vater vielleicht gar nicht ihr Vater ist. Verstört beginnt sie zu fragen: „Wer bin ich dann? Ein uneheliches Kind? Die Frucht eines Ehebruches? Eine Blume ohne Namen? Ein Bastard? Eine räudige Hündin von der Straße? Wer bin ich? Diese Frage erschüttert meine Seele." Dann vertraut sich ihr ein Arzt an, Krunal, der aus einer großen einheimischen Familie stammt, wo man es mit der Moral nicht so genau genommen hatte. Er sagt: „Meine Geburt war immer ein Lieblingsthema für die Klatschbasen im ganzen Haus. Mein Vater – war er wirklich eheunfähig? Mein Großvater, der alles im Haus beherrschte – warum behandelt er mich immer mit besonderer Liebe? Oder möglicherweise dieser dunkelhäutige Diener, den wir hatten – bin ich der Sohn seiner Frau? Und ging sie wirklich zu dem Lieferanten, der dann für uns arbeitete? Warum verließ mein Vater das Haus? Warum nahm meine Mutter Gift? Fragen über Fragen. Ich bestehe nur aus Fragen und Zweifeln." Schließlich enthüllt Nihar mit noch größerer Verzweiflung, daß er als kleines Kind auf der ersten Stufe des Haupttempels in dem Wallfahrtsort Dwarka gefunden worden war. Sein „Wer bin ich?“ füllt drei erschütternde Seiten des Romans.

Wurzellosigkeit ist die Krankheit des modernen Menschen. Wo sind meine Wurzeln? Woher komme ich? Wer bin ich? Keine Antwort. Keine Richtung. Keine Klarheit. Keine Kraft. Ohne Wurzeln kann der Baum nicht wachsen, nicht stark sein, nicht er selbst sein, kann er dem Wind nicht trotzen und den Himmel nicht erreichen. Erst wenn ich mich selbst wirklich kenne, wenn ich weiß, wer ich bin und was ich will, kann ich mich auch nach außen wenden und anderen begegnen, mich behaupten und meinen Platz in der Welt finden. In meinen Wurzeln finde ich Selbstvertrauen. Und Verwurzelung gibt paradoxerweise auch Beweglichkeit. Der eben zitierte Roman trägt den Titel „Urdhvamul“, das heißt „Wurzel-im-Himmel“ – eine kühne Metapher aus den Upanishaden, die den eigentlichen Ort des Menschen im Universum anzeigen soll. Von dort erhält er seine Kraft. Meine Wurzeln sind im Himmel.

Ein letzter Fall. Einem jungen Mann, Sohn eines erfolgreichen Industriellen, wurden von seinem Vater ein Studium im Ausland, jede mögliche Spezialausbildung und ein Posten in seinem Wirtschaftsimperium angeboten; später sollte er den Platz des Vaters einnehmen. Konnte er sich noch mehr wünschen? Dennoch wies der junge Mann das Angebot zurück. Er ging weg, um alleine zu leben, fand Arbeit für seinen Lebensunterhalt und ein Stipendium für sein Studium, studierte das Fach seiner Wahl, bewarb sich um eine Stelle weit entfernt vom Einflußbereich seines

Vaters. Dort kämpfte er sich allein durch und lebte sein eigenes Leben.

Was war geschehen? War er bei seinem Vater nicht gut aufgehoben gewesen? Durchaus, aber er war nicht er selbst. Um er selbst zu sein, hielt er für nötig, für sich zu sein. Er konnte das Wertsystem seines Vaters nicht als das seine akzeptieren. Im Schatten seines Vaters wäre er nur ein Schatten seines Vaters geworden. Ohne Persönlichkeit, ohne Unabhängigkeit und ohne eigene Identität. Um sich zu behaupten, mußte er sich loslösen. Er hatte die Kraft gehabt, sich in sich selbst zu erkennen, und die Entschlossenheit, das in die Tat umsetzen, was er seiner Erkenntnis nach war.

Ich sah einmal mit Interesse und größtem Vergnügen eine Fernsehsendung über Leben und Werk meines Lieblingsdirigenten Sir George Solti. Mit dem ihm eigenen Charme sagte er dort: „Ich habe meine Wurzeln verloren; das hat viele Nachteile ... und ein paar Vorteile!" Solti beschrieb sich als einen typischen alteingesessenen Ungarn, der im Alter von vierundzwanzig Jahren als Pianist und Dirigent bereits beachtliche Erfolge in seinem Land errungen hatte, als er die Einladung erhielt, in Wien zu spielen. Sein Vater weinte, als er ihn zum Bahnhof brachte, und er ärgerte sich darüber. Warum weinst du, wo ich doch in zehn Tagen wiederkomme? In Wien erhielt er dann ein Telegramm, das seine mutige Mutter aus Budapest geschickt hatte und in dem nur stand: „Komm nicht zurück." Er entstammte einer jüdischen Familie, und Hitler hatte gerade seine Herrschaft über Europa angetreten. Solti sah seine Eltern nie wieder. Er mußte allein seinen Weg finden und unter den schwierigsten Umständen seinen Lebensunterhalt verdienen, erst als Flüchtling in der Schweiz, danach als immer bedeutenderer Musiker in Frankfurt, London und Chicago ... bis er einer der besten und erfolgreichsten Dirigenten unserer Zeit war. Er war noch sehr jung, als er zum erstenmal in einem Orchesterkonzert die Fünfte Symphonie von Beethoven hörte. Als er den Konzertsaal verließ, sagte er: „Jetzt weiß ich, was ich werden will: Dirigent." Hier lag die Wurzel seiner Berufung, die auch dann feststand, als alles andere wankte. Er wurde in seinem Entschluß bestärkt, als Toscanini ihn einmal bei einer Probe für die Oper „Fidelio" Klavier spielen hörte. Als die Probe zu Ende war, kam Toscanini von sich aus zu ihm und sagte ein einziges Wort: „Bene". Dieses „Bene!" war für den jungen Solti, wie er selbst mit tiefer Rührung in diesem faszinierenden Fernsehinterview sagte, die größte Hilfe und Ermutigung, die er in seinem Leben erhalten hat. Sie war auch wichtiger als alles an Erfolg, Geld und Ruhm, das ihm später in Fülle zuteil wurde. Dieses ‚bene' von Toscanini half ihm, sich selbst zu finden und den Entschluß zu fassen, das zu werden, was er werden wollte, was es auch kosten mochte. Er durchlebte den Schmerz, seine Wurzeln zu verlieren und dann die Freude, neue zu finden und sein Leben mit einer Vielzahl verschiedenster Erfahrungen zu bereichern.

In diesem Zusammenhang möchte ich eine Seite meiner Persönlichkeit ansprechen, ohne die mein Selbstportrait unvollkommen wäre: Musik ist auch ein Teil von mir. Ich habe das musikalische Erbe von meinem Vater, der damals, als es noch keinen elektrischen Plattenspieler gab, einen großen, schweren Musikkasten kaufte und nach Hause brachte, der mit der

Hand aufgezogen werden mußte. Wie oft habe ich in meiner Kindheit dieses altehrwürdige Instrument aufgezogen, und mir eine Symphonie von Beethoven, ein Nocturne von Chopin oder eine Rhapsodie von Liszt angehört!

Am Anfang verstand ich überhaupt nichts, aber doch nahm ich die großartigen Klänge andächtig in mich auf. Hier liegt der Anfang meiner Liebe zur Musik und meiner Vorliebe für die großen Meister. Später lernte ich Klavierspielen mit demselben Fanatismus, mit dem ich alles in meinem Leben gelernt habe, und oft mußte meine Mutter mich vom Klavier geradezu wegtragen, damit ich überhaupt zum Essen kam. Jenes Vergnügen zu spüren, daß durch die Berührung meiner Finger Musik entstand – ich kam so weit, daß ich Mozartsonaten und Chopin-Etuden spielen konnte – gehört zu den tiefsten und eindringlichsten Erfahrungen meines Lebens. Dann ging ich nach Indien und ließ mit einemmal all das hinter mir. Die westliche Musik hatte keinen Platz in dem traditionellen Indien, das ich kennenlernen wollte. Ein Versuch, die indische Musik kennenzulernen, blieb in den Anfängen stecken. Danach trat eine lange Pause ein, wie bei einem Musikstück. Viele Jahre lang spielte ich nicht und mit wenigen Ausnahmen hörte ich auch keine Musik. Diese Pause dauerte bis zu meinem ersten Besuch in Europa, der gerade zu der Zeit stattfand, als die ersten Tonbandgeräte auf den Markt kamen. Ich bekam ein Exemplar dieser neuen Erfindung geschenkt und nahm es mit nach Indien; vielleicht war ich der erste überhaupt, der solch ein Gerät nach Indien brachte. Jetzt konnte ich in meinem Zimmer Musik hören – ohne die Mühe, den Musikkasten aufziehen zu müssen. Später, auf meinen wiederholten Reisen in den Westen, hatte ich dann das Glück, die besten Orchester der Welt zu hören; ein Luxus, den ich bereitwillig annahm, wann immer sich die Möglichkeit bot. Musik ist ein Teil meines Lebens.

Die folgende Anekdote habe ich im Gedächtnis behalten in der stillen Hoffnung, sie könnte einmal auch auf mich zutreffen: Als der Erzbischof von Köln, Kardinal Frings, in einer Pressekonferenz ankündigte, daß er sein Bischofsamt aufgeben und in den Ruhestand treten wolle, stellte einer der Journalisten, nachdem er voller Anerkennung die mutige und entscheidende Rolle des Kardinals auf dem Zweiten Vatikanischen Konzil gewürdigt hatte, eine letzte Frage: „Eminenz, und was werden Sie nun bis zum Ende Ihres Lebens tun?" Worauf der Kardinal mit der größten Selbstverständlichkeit antwortete: „Oh, ich werde Mozart hören." Vollkommener Ruhestand.

Die Musik hat mich abgelenkt, doch das ist ihre göttliche Rolle auf dieser Welt. Das Thema dieses Kapitels, ja des ganzen Buches aufgreifend, möchte ich unterstreichen: Die Art und Weise, wie ich mich sehe, entscheidet letztlich die Art, wie ich handle, um ich selbst zu sein. Aus diesem Grund möchte ich mich selbst so vollständig und so tief erkennen, wie ich kann, um so mutig und frei ich selbst zu sein wie möglich. Wissen ist Macht. Wissen über mich selbst ist die Macht, ich selbst zu sein.

14 *Ich bin ich*

Es gibt viele Arten von Saris. Ich kenne den aus Benares, aus Bengalen, den aus Kancheevaram, aus Haiderabad, aus Batik, Bandhani und Panetar und kann sie einigermaßen genau voneinander unterscheiden. Die Frauen meiner Freunde allerdings ziehen mich auf und fordern mich immer wieder mit einem neuen Sari aus ihren unerschöpflichen Sammlungen heraus, und sie amüsieren sich so sehr, wenn ich daneben tippe, daß ich es mir manchmal nicht verkneifen kann, nur zum Spaß absichtlich eine falsche Antwort zu geben. Ich weiß aber, daß der Schönste der Saris der Patola ist, und hier bin ich absolut sicher. Zum einen, weil der Patola an sich unverwechselbar ist und einzigartig dasteht in seiner geradezu überirdischen Vollkommenheit, zum anderen, weil seine heitere Schönheit, und sein Adel, sein Alter und sein Wert es undenkbar erscheinen lassen, daß man damit Unsinn treibt und ihn ohne die gebotene Ehrfurcht behandelt.

Um einen einzigen Patola-Sari herzustellen, müssen alle Angehörigen aus drei Generationen einer darauf spezialisierten Familie vier Monate lang unablässig, hart und mit Hingabe arbeiten. Es gibt nur noch wenige dieser Familien, ein paar in Patan und einige in Rajkot. Der Preis eines solchen Sari entspricht diesem Arbeitsaufwand und der Kunstfertigkeit, die er verkörpert. In keinem Geschäft oder Bazar wird er verkauft, denn jeder einzelne muß extra in persönlichem direktem Kontakt bestellt werden.

Was macht den Patola so einzigartig? Jeder einzelne Faden wird getrennt und für sich allein mit all seinen Farben eingefärbt, bevor er in das Ganze verwoben wird. Das mag unglaublich klingen, doch habe ich es mit eigenen Augen gesehen. Das Muster wird vorher entworfen. Jeder Patola hat immer vier wesentliche Motive, die sich in der Länge und Breite wiederholen: Ein Elefant, ein Papagei, ein tanzendes Mädchen und eine Blume; die Einzelheiten der Darstellung allerdings sind bei jedem Sari verschieden. Die leuchtenden Farben werden an festgelegten Stellen auf den Faden aufgetragen, so daß, wenn er auf dem großen Webstuhl an seine Stelle kommt, das Muster weitergeführt und die Figur geformt wird. Was auf diese Weise entsteht, bestätigt das Sprichwort auf Gujarati: Ein Patola kann reißen, aber nie seine Farbe verlieren. Einen Patola hat man für das ganze Leben.

Das ist das Wesen des Patola, und zugleich das, was mich fasziniert – der Wert eines jeden Fadens, der Beitrag einer jeden Einzelheit zum Ganzen, das Entstehen des Musters aus der Eigenheit jeder besonderen Farbe. Darin sehe ich ein schönes und überzeugendes Bild für all das, was ich in diesem Buch sagen wollte. Die Persönlichkeit erwächst aus jedem einzelnen ihrer Züge, wie der Patola aus jedem einzelnen seiner Fäden. Das „Wer bin ich?" bildet sich aus jedem einzelnen meiner verschiedenen Avatare, in voller Achtung voreinander und doch in dem vollen Bewußtsein zu einem Ganzen miteinander verwoben zu sein. Wenn nur ein einziger Faden des Patola verloren geht, ist das ganze Bild verschwommen. Wenn in meinem Leben nur eine einzige Dimension fehlt, ist meine ganze Erscheinung getrübt. Daher die Sorgfalt im Detail, die Mühe, jedem Faden seinen vollen Wert zu geben, auf seiner ganzen Länge jede Farbe an die vorbestimmten Stellen zu bringen, damit aus allem zusammen die Schönheit eines einzigartigen Kunstwerks erwachse.

Ich nehme meine Fäden, einen nach dem anderen: Den Priester in mir, den Lehrer in mir, den Schriftsteller, den Mann, den Körper, die Gefühle, den Sohn meiner Mutter, und den Freund meiner Freunde ... jedes Kapitel in diesem Buch und andere, die ich vielleicht noch hätte schreiben können. Jeder einzelne Faden ist identifiziert, erkannt, vorbereitet, aufbewahrt, angenommen und in das Ganze verwoben. Ich habe jeden Teil von mir von neuem in Besitz genommen, und wiederbelebt, umsorgt und gestärkt durch meinen Geist. Jeder Teil von mir ist mir gegenwärtig, und aus allen entsteht das einzigartige Muster, das ich bin. Die menschliche Person. Der Patola von unschätzbarem Wert. Die endgültige Identität. Elefant und Papagei, Blume und Tänzerin – immer wieder sind sie anders als alle anderen. Absolut einmalig. Unverwechselbar. Unvergänglich. Einen Patola trägt man ein ganzes Leben.

Ein Hochzeitsfest in Indien ist unter anderem eine glanzvolle Parade von unzähligen Saris in allen Farben, Arten und Stilen. Und ich stehe dann in der Mitte – eine eintönige männliche Uniform in einem Fest der Schmetterlingsflügel. Das Mädchen neben mir, das mir viel über Saris beigebracht hat und sie selbst mit großer Eleganz und einzigartigem Geschmack trägt, hilft mir, die verschiedenen Formen zu erkennen. Plötzlich senkt sie ihre Stimme, und nah an meinem Ohr höre ich in respektvollem Flüstern: „Schau, das ist ein Patola." Sie braucht nicht hinzuzeigen. Ich sehe und erkenne ihn sofort. Schweigend bewundern wir ihn. Mein Leben soll wie dieser Patola sein, jeder einzelne Faden darin soll sein besonderes Leben und seine eigene Farbe haben. Alle verschieden und alle kostbar. Neu und voller Freude. Kein billiger Druck, kein gängiges Muster, keine Massenware, keine sklavische Nachahmung. Ich möchte ein Patola sein. Ich möchte ich sein.

Das Wunder ist, daß jedes Muster, das sich entfaltet, auch immer schön ist. Das gleiche gilt auch von jeder Person. Das Ich ist immer ein Kunstwerk. Wichtig ist nur, daß das Ich das auch erkennt und annimmt.

Mein Leben ist wert, gelebt zu werden, ich bin wertvoll, die Sonne scheint hoch oben – wenn ich nur Augen habe, es zu sehen.

Herbert von Karajan, ein Mann mit großem künstlerischem Geschmack, wurde in einem seiner Interviews gefragt, wer seiner Meinung nach der derzeit beste Pianist sei. Ohne zu zögern antwortete er: „Der größte lebende Pianist ist Maurizio Pollini – und er weiß es nicht." Hierin liegt das Problem vieler. Ich bin groß, und ich weiß es nicht; sehe meine Schönheit nicht. Ich weiß meinen Patola nicht zu schätzen. Das scheue Widerstreben, mit dem die meisten Menschen auf eine direkte Erklärung ihres Wertes reagieren, zeigt, wie schwer es ist, von uns selbst eine hohe Meinung zu haben. Und dabei sind wir die Verlierer. Ein Punkt, der für unser persönliches Glück überaus wichtig ist.

Noch ein Gedanke, bevor ich zum Schluß komme. Ich möchte am Ende dieses Buches nicht triumphierend so tun, als hätte ich das Geheimnis des Ich gelöst. Es bleibt vielmehr bestehen, und die einmalige Mischung, die ich bin, wird mit jedem Tag reicher. Nie erreiche ich den Grund meines Selbst. „Wasser kann nie erkennen, was Wasser ist" (Krishnamurti). Aber weil es Wasser ist, wird es weiter fließen und singen, das Land fruchtbar machen und das Meer suchen. Die Haltung, zu der ich gekommen bin, ist die: das Geheimnis beobachten, die Wirklichkeit leben und das Leben sein lassen, wie es ist. An jedem Wunder sich erfreuen, jedes Ereignis wie einen Schatz hüten und dabei ich selbst sein, einfach sein.

Ich schließe dieses Buch so, wie ich es begonnen habe, mit einer Geschichte. Zunächst aber möchte ich vorausschicken, welche Bedeutung diese Geschichte für mich hat, wie radikal sie in die Tiefe geht und welche befreiende Botschaft sie enthält. Ich füge sie hier nicht ein, um das Buch gefällig abzuschließen. Durchaus nicht. Vielmehr brauche ich diese Zen-Geschichte an dieser Stelle, weil sie die höchste praktische Weisheit und äußerste Einfachheit im Umgang mit dem Leben verkörpert. Sie hat mir sehr geholfen. Eigentlich umfaßt diese Geschichte den Inhalt aller Kapitel dieses Buches, und sie hätte das Buch fast ersetzen können. Aber einerseits wollte ich dieses Buch schreiben, und hätte ich andererseits nur diese Geschichte veröffentlicht – niemand würde sie lesen, viel weniger noch sich in sie versenken. Es muß viel Lärm gegeben haben, damit wir das Schweigen zu schätzen wissen, und man muß viel Unsinn geschluckt haben, bevor man die Weisheit zu schmekken lernt. Mein Buch ist der Unsinn – ein fröhlicher, unbeschwerter Unsinn – und die Weisheit ist die folgende Geschichte mit all ihrer täuschenden Einfachheit.

Ein chinesischer Bauer namens Chung-Fu, oder wie immer ein chinesischer Name lauten mag, führte ein einfaches Leben und verkaufte Fische auf dem Markt. Als er älter wurde, verspürte er den Wunsch nach geistiger Erleuchtung und er beschloß, einen Meister aufzusuchen, den er gut kannte, da er aus demselben Dorf stammte. Der Meister hatte sich vor kurzem in eine Höhle zurückgezogen, wo er meditierte und Ratsuchenden Antwort gab. Unser Bauer ging also zu ihm, erinnerte ihn an die gemeinsame Herkunft und bat um Rat für seine Suche nach seinem wahren Selbst und nach einem neuen Leben. „Hilf mir, daß ich erkenne, wer ich bin", sagte er, „und was ich tun soll." Der Weise aber kannte ihn und auch sein Leben sehr gut, er sah ihn aufmerksam an und sprach diese weisen Worte: „Du bist Chung-Fu, und du sollst auf dem Markt Fische verkaufen."

Ich bin Carlos Valles, und ich soll Bücher schreiben. Es macht viel Spaß.